Tschüss Ihr Koffer!
13 Jahre Kreuzfahrt – Ich hör dann mal auf

Taschenbuch
1. Auflage 2017 ©
Herausgeber: MS Entertainment UG
www.kreuzfahrt-fanshop.de
Alle Rechte vorbehalten, insbesondere das des öffentlichen Vortrags sowie der Übertragung durch Rundfunk und Fernsehen, auch einzelner Teile. Kein Teil des Werkes darf in irgendeiner Form ohne schriftliche Genehmigung des Herausgebers reproduziert oder unter Verwendung elektronischer Systeme verarbeitet, vervielfältigt oder verbreitet werden.

Cover-Layout: grafikdesign@silkeloebel.es
Satz: Jürgen Schlömer
Lektorat: XEED GmbH
Druck: Tolek Druckerei
ISBN 978-3-9819151-7-4

DANKSAGUNG

Ich danke all meinen Kollegen der letzten 13 Jahre.
Falls sich jemand in diesem Buch wiedererkennt,
wird er es wohl gewesen sein.

VORWORT

Als ich 2012 zusammen mit Michael Tasche meinen satirischen Kreuzfahrtratgeber „Innenkabine mit Balkon" geschrieben habe, konnte ich eigentlich nicht davon ausgehen, dass Kreuzfarten sich zu einem regelrechten Boom und sich dieses Buch innerhalb weniger Jahre zum meist verkauften Kreuzfahrtbuch entwickeln würde. Zum einen, weil man so etwas grundsätzlich schwer voraussehen kann und zum anderen, weil ich es selber nicht geglaubt hätte.

Jetzt, ein paar Jahre später, sind Kreuzfahrten vollends im Massentourismus angekommen und die Zahl der Menschen, die diese Form des Reisens wählen, wächst stetig weiter. So behaupten es zumindest die großen Reedereien und die Zahl neuer Schiffe bestätigt diesen Trend. Ach, und wehe, wenn nicht!!! Dann gibt es nämlich zu viele Schiffe für zu wenig Passagiere. Vielleicht wird es einmal so weit kommen, dass man kostenlos auf Kreuzfahrt gehen kann und nur für Shopping an Bord und geführte Ausflüge bezahlen muss – ähnlich den gehobenen Hotels in Las Vegas oder den guten alten Butterfahrten hierzulande. Wem der Kopf dann wider Erwarten nicht nach Einkaufen oder Ausflug steht, erhält dann durch besonders geschultes Personal zunächst verbale „Motivationsanreize", bevor einem dann die Modalitäten einer verfrühten Ausschiffung erläutert werden. Falls es so kommt. Doch davon scheint die Branche aktuell noch Lichtjahre entfernt zu sein.

Angeblich fahren derzeit erst ein paar Prozent aller Urlauber mit Schiffen über die Weltmeere, der Rest macht immer noch Urlaub an Land. Diejenigen, die sich aber für eine Kreuzfahrt entschieden haben, tun das immer wieder ... und wieder ... und wieder. Tatsächlich trifft man an Bord kaum noch Erstfahrer.

Mit den Schiffen kamen die Bücher. Viele Geschichten von Bord sind bereits erzählt und eingefleischten Kreuzfahrern bekannt. Doch mit diesem Buch ist Sophie Behrendt ein noch nicht da gewesener, authentischer und sehr unterhaltsamer Blick auf das Leben an Bord gelungen. Mit viel Freude und Emotion erzählt sie aus ihrem Leben als Entertainmentmanagerin einer bekannten deutschen Reederei. 13 Jahre ist sie zur See gefahren, davon 10 Jahre in verantwortlicher Position. Sie ahnen es: Da gibt es viel zu berichten. Wenn Sie schon das ein oder andere Mal an Bord waren oder sogar Vielfahrer sind werden Sie sich bestimmt schon einmal gefragt haben: Wie ist eigentlich eine Kreuzfahrt aus Sicht der Crew? Was sind die skurrilsten Ereignisse, die an Bord passieren? Und kann man nach 13 Jahren eigentlich noch aufhören, zur See zu fahren? Die Autorin nimmt Sie mit hinter die Kulissen, gewährt Ihnen Einblick in viele schöne, witzige, emotionale und besondere Momente mit Gästen und Kollegen und entführt Sie zu den schönsten Orten der Welt. Für alle Kreuzfahrtfans und die, die es werden wollen: DAS ist das IHR Buch.

Ich wünsche Ihnen viel Spaß beim Lesen und eine tolle Zeit an Bord!

Ihr
Marco Ströhlein

INHALT

Koffer packen 12

Oh Madame, welcome back 19

Der neue Kollege 22

4 Tage im Blümchenkleid 27

Man wird ja wohl noch fragen dürfen! 30

Crewww Alläääääärt!!! 33

Ein letztes Mal Gäste anschreien 41

Meetings über Meetings 44

Vielfahrer-Treff oder: Früher war alles besser 48

Die Freakshow der Offiziere 51

Crew auf Abwegen 57

Ein Kapitän und seine Banane 62

Ausflug buchen wird überbewertet 64

Pünktlichkeit oder: Die Mutter der Schifffahrt 70

Ertrinken für Fortgeschrittene 73

Tumult im Theater 78

Einmal Boxer immer Boxer 83

Möwen angeln 86

English for Runaways 91

Wer neu ist, braucht für den Spott nicht zu sorgen 96

Die philippinische Tütensuppen-Mafia und der mobile Friseursalon 99

You move like Jagger 102

Moderieren kann doch jeder 107

Im Vollsuff zum Alkoholtest 117

Das Hochzeitskleid und der Schwiegerdrachen 125

Willst du mich heiraten? 133

Dritte Zähne und klauende Gäste ... 141

Die Aschewolke ... 148

Kindermund tut Wahrheit kund ... 160

Gefangen im Plüschtierautomaten ... 169

Peinlich, Peinlich ... 172

Rufen Sie die Polizei! ... 175

Die Drogendealerin und andere Missverständnisse ... 185

Die schlechteste Show aller Zeiten ... 190

Wo schwimmen die Breitengrade und welche Farbe hat der Polarkreis? .. 194

April, April ... 200

Psychopath an Bord ... 206

Shit happens ... 212

Explosion in der Kabine ... 214

Hohe Wellen – kleine Tüten ... 218

Ist der bekloppt? Nee, der Chef! ... 223

Housekeeper mit Sammelleidenschaft ... 224

Der Arzt, der keiner war ... 227

Man wird sich ja wohl noch beschweren dürfen ... 229

Im Liegen auschecken ... 234

Auch Zuhälter brauchen Urlaub ... 238

Swingerclub auf Jubiläumsreise ... 240

Inuit trifft auf Vollpension ... 243

Hupkonzert der Schiffe ... 254

Abschied ... 262

Wissenswertes ... 268

KOFFER PACKEN

Es ist so weit. Um 6:30 Uhr geht mein Flieger nach Mallorca. Zum letzten Mal bringt mich mein Vater zum Flughafen, um von dort aus direkt zur Arbeit zu fahren. So früh morgens im Auto sind die Gespräche eher spärlich, auch wenn ich erst in vier Monaten wieder nach Hause komme. Viel intensiver ist da der Abschied von Mama zu Hause. Zu beinahe nachtschlafender Zeit macht sie noch Kaffee und stellt alles auf den Tisch, was sie im Kühlschrank finden kann. Dass die meisten Menschen oder zumindest mein Vater und ich um vier Uhr morgens noch keinen solchen Bärenhunger verspüren, interessiert sie dabei so gar nicht.

„Kind, du musst doch was essen! Später gibt es nichts mehr und bis du auf dem Schiff bist, vergeht noch so viel Zeit. Iss mal lieber was." Mein Vater schiebt sich der Höflichkeit halber ein Käsebrot zwischen die Kiefer.

Es wird Zeit, dass ich, das 36-jährige „Kind", wieder aufs Schiff komme. Auch wenn dies das letzte Mal sein wird. Auf See schmiert mir zwar niemand morgens die Brote, aber nach ein paar Wochen Heimaturlaub im „Hotel Mama" freue ich mich doch auf meinen allerletzten Einsatz an Bord. Zumal ich auf meiner letzten Reise einen neuen Kollegen, und damit meinen Nachfolger, einarbeiten werde. Das heißt: In alle Geheimnisse und Gepflogenheiten des Kreuzfahrerlebens werde ich ihn einweihen und hoffentlich wird er gerade deswegen, oder vielleicht auch nur trotzdem, an Bord bleiben wollen und nicht direkt wieder die Koffer packen und nach Hause flüchten.

Die Reisetasche ist gepackt und steht schon im Flur. Gleich geht es los in Richtung Palma de Mallorca. Noch einmal eine Mittelmeertour. So hatte es vor 13 Jahren angefangen und so soll es nun in vier Monaten enden. Für immer. Naja, so ist jedenfalls der Plan.

Jedes Mal, wenn ich abreise, hoffe ich inbrünstig, dass meine Tasche nirgendwo auf der Welt verloren geht. In ihr befindet sich alles, was mir unterwegs wichtig ist. Klamotten habe ich nur wenige gepackt, da es später an Bord sowieso kaum Möglichkeiten geben wird, die chicen privaten Outfits auszuführen. Dafür werde ich ausgestattet mit einer, wie ich finde, ganz ansehnlichen Uniform. Einer weißen für den Tag und einer eleganten Galauniform für den Abend.

In meinem Koffer sind also nur wenige Strandoutfits und Partykleider, dafür umso mehr Socken, Unterhosen, BHs und Arbeitsschuhe – alles jeweils in schwarz und weiß. Außerdem mein Lieblingsdeo, Lieblingsduschgel, Lieblingsbodylotion, meinen Föhn und Laptop und ganz wichtig: Fotos von der Familie und Freunden und natürlich von meinem Freund.

„Seediensttauglichkeitsunterlagen" (allein das Wort beeindruckt schon viele!) und ein Seemannsbuch dürfen auf gar keinen Fall fehlen, sonst kann ich mir jeglichen Check-In sparen, an der Pier stehen bleiben und dem Kahn mitsamt meinen lieben Kollegen aus der Ferne nachwinken. Und das bringt nach Seemannsbrauch Unglück: Ein Seemann oder eine Seefrau dürfen niemals dem eigenen Schiff aus der Ferne winken.

Wir düsen also los. Die Tasche wirklich im Kofferraum, das Auto mit uns drin auf der Autobahn, die Straßen um diese Uhrzeit noch frei. „Air Berlin Terminal."

Ich hasse Fliegen. Früher habe ich mich regelrecht darauf gefreut, konnte es kaum erwarten, bis dieses Kribbeln im Bauch wie beim Achterbahnfahren beim Starten des Jets losging. Seit ein paar Jahren – und eigentlich weiß ich nicht so genau, warum – mag ich das alles nicht mehr. Bereits am Tag des Abflugs mache ich mich schon verrückt und mir fast in die Hose. Ich unterdrücke meist sogar ein leichtes Zittern beim Start. Zu den Hochzeiten meiner Flugangst habe ich sogar vor dem Start starke Schlaftabletten genommen. Das hatte zur Folge, dass mich die Stewardessen nach der Landung regelmäßig wecken mussten, da alle anderen Gäste schon ausgestiegen waren und ich angeschnallt in meinem Sitz den Schlaf der Seeligen hielt. Vielleicht liegt es an den vielen Berichten von abgestürzten Flugzeugen, keine Ahnung. Dabei soll Fliegen am Ende noch sicherer sein als die Seefahrt. Hat mir mal ein Pilot gesteckt.

Auf dem Schiff habe ich niemals Angst. Wahrscheinlich weil ich dort genau weiß, was im Fall des Falles zu tun ist. Auf dem Schiff habe ich im Notfall eine Aufgabe. Nämlich mit anderen Kollegen der Crew mehr als 200 Gäste auf zwei Rettungsboote zu quetschen. Und das üben wir mindestens einmal pro Reise. Und ich würde sogar selbst in diesem Boot sitzen, sollte etwas passieren. Ich wäre also mit den Gästen die Erste, die das Unglück hinter sich lassen würde. Und hätte dazu noch einen relativ trockenen Platz in einem der Boote mit Motor.

Die meisten anderen Crewmitglieder dagegen sitzen in einer „MES" (Marine Evacuation System). Das sind Schwimminseln ohne Motor, die sich im Wasser automatisch aufblasen. Durch einen Schlauch hüpft die Besatzung in diese Inseln und sucht sich dann ein feuchtes Plätzchen irgendwo zwischen den bereits durchnässten und bibbernden Kollegen, das Wasser unter sich glucksend. Die Schiffbrüchigen treiben darin auf dem Ozean herum und warten sehnsüchtig auf Hilfe, noch drei andere Schwimminseln an die eigene gekettet. An Bord gibt es Handfackeln und Rauchsignale, mit denen sie versuchen können, auf sich aufmerksam zu machen. Bis jemand sie entdeckt, im großen weiten Ozean. Vielleicht ein Flugzeug, dessen Besatzung die große gelbe Rauchwolke des Rauchsignals sieht, und diese nicht verwechselt, mit dem dicken Auswurf eines Pottwals.

Auf meiner Flugreise kann ich mich dagegen nur auf die Kompetenz der Besatzung verlassen und fühle mich total ausgeliefert. Kein Boden oder Wasser unter den Füßen. Gott sei Dank ist der Flug bis nach Palma nicht allzu lang und hoffentlich habe ich einen Fensterplatz. Ich sehe lieber, was unter mir passiert.

Wir sind am Flughafen angekommen. Tasche raus, mein Papa klopft mir auf die Schulter: „Pass gut auf dich auf und melde dich, wenn du angekommen bist. Guten Flug."

„Alles Roger. Werd' ich machen. Und Grüße nach Hause. Kannst Mama sagen, dass ich im Flieger noch mal frühstücken werde." Grins. Und ab geht's ins Terminal zum Check-In und rein in den Flieger. Ich stelle mir vor, eine Schlaftablette genommen zu haben – so wie früher, aber eben nur gedanklich –, und in Nullkommanix bin ich in Palma. War ja gar nicht so schlimm. Nach der Landung habe ich endlich auch meine Reisetasche wieder und ein paar warme Grade mehr auf der Haut.

Stolz wie Oskar verlasse ich nun zusammen mit gefühlt dreihunderttausend anderen Fluggästen das Kofferband und rolle bis zum Ausgang. Und hier steht er schon und wartet halb sehnsüchtig, halb genervt: mein Taxi-Transfer. Der wahrscheinlich schnellste spanische Fahrer aller Zeiten, wie sich gleich herausstellen soll. Mit einem Schild in der Hand, auf dem unmissverständlich der Name „Crew" steht. Crew! Ha! Das bin ich! Ich wurde also nicht vergessen und muss kein Taxi zum Schiff nehmen.

Er grüßt freudig: „Hola Señora. Crrrrew Memberrrr? You arrr sie only wan sis taim. Pliise sain hierrr wiz jor näm. Sänk you. Let´s go!" Auf meine Frage, ob er heute noch viele andere Crewmitglieder am Flughafen abholen müsse, antwortet er nur: „Ai, don't spiik so matsch in inglisch – Espagnol?" Ich versuche es mit dem, was ich kann, nämlich mit Italienisch. Romanische Sprachen ähneln sich ja bekanntlich und offenbar versteht mein Taxifahrer auch meine Frage und antwortet schlicht und einfach mit: „Si."

Na toll, das geht ja direkt weiter wie heute früh im Auto meines Vaters. Ich lehne mich also einfach entspannt zurück, lausche dem fünfzehnten Titel von Julio Iglesias, musikalisch höchst unpassend begleitet vom hektischen Gehupe um uns herum auf der Straße. Und dann entdecke ich es, zwischen Autos und Kränen: unser Ziel.

Meine zweite Heimat, mein Zuhause der letzten 13 Jahre, mein Traum vieler schlafloser Nächte, mein

„Big Brother" mit voll klimatisiertem Büro ohne Fenster, meine ganz große Hass-Liebe und das alles zum letzten Mal in meinem letzten Einsatz: DAS Schiff! Jippie!

OH MADAME, WELCOME BACK

An der Gangway werde ich bereits von einem breiten Grinsen begrüßt. Es gehört einem der Security Guards, die dafür zuständig sind, dass die bösen Buben und auch alle gefährlichen Gegenstände draußen bleiben. Wir sprechen hier übrigens nicht nur von Messern, Schwertern oder Pistolen. Auch Bügeleisen, Wasserkocher, Lichterketten oder Kerzen sind an Bord strengstens verboten.

Das breite Grinsen muss dem Sicherheitsmann wohl angeboren sein, es reicht von backbord bis steuerbord. Aber lieber so, als andere Zeitgenossen, deren Mundwinkel eher wie die Äste einer Trauerweide bis zum Boden hängen. Sogar beim Reden grinst er. Ob man sich sowas auch ins Gesicht operieren lassen kann? „Oh, Madame, welcome back! Nice to see you again", strahlt er mich an und präsentiert zwei Reihen perfekt weißer Beißerchen. Auch das ist unter Seefahrern heutzutage keinesfalls selbstverständlich: Oft blickte ich schon auf einen Hauch von nichts inklusive eines leuchtenden Blinksternes in Gold – ähnlich dem Blick in ein großes schwarzes Loch mit einem Funken goldener Hoffnung.

Nach dieser herzlichen Begrüßung muss ich einchecken, meine Kabine beziehen, meine Uniform holen und zur ersten Sicherheitseinweisung. Drei dieser obligatorischen „inductions", erwarten mich in den ersten Tagen an Bord. In jedem Vertrag (Crewsprache für: „Einsatz an Bord") aufs Neue. Mittlerweile könnte ich sie auch selbst halten. Ach ja, und mein Kollege von der vorhergehenden Reise ist natürlich bereits mit der ersten Maschine zurück nach Deutschland geflogen und hat mir einen Stapel Papier im Büro hinterlassen, der schnellstmöglich abgearbeitet werden muss. Na dankeschön! Wie, um Gottes Willen, soll ich das auch noch schaffen?

Als ich das nächste Mal zum Luftholen komme, ist es plötzlich Nachmittag und kurioserweise sitze ich tatsächlich an meinem Schreibtisch und kämpfe mich durch den Schreibkram. Mir fällt in diesem Moment ein schwerer Stein vom Herzen und gleichzeitig meine Augen fast zu. Der sogenannte Müdigkeitsflash hat mich schon wieder eingeholt. Ach du

Sch...! Der begleitet mich in der Regel die ganze erste Woche an Bord. Es ist als würde ich beim Betreten der Gangway automatisch, quasi durch die Schuhe, ein Schlafmittel verabreicht bekommen, welches nach wenigen Stunden zu wirken beginnt und mich mindestens eine Woche fest im Griff hat. Vorher im Urlaub noch schön entspannt, eilt nun der Müdigkeitsflash hinter mir her, verfolgt mich wie eine lästige Stechmücke und irgendwann hat er mich erwischt. Einfach zugestochen und das Blut aus allen Gefäßen meines Körpers gesogen. Bis heute habe ich nicht herausfinden können woran das liegt. In die engere Auswahl kommen die Schiffsbewegung und das fehlende Tageslicht im Crewbereich.

Den ganzen Tag über begrüßen mich Kollegen aus den anderen und, Gott sei Dank, auch aus der eigenen Abteilung. Alle scheinen sich zu freuen, dass ich wieder an Bord bin. Und falls doch nicht, überspielen sie das fantastisch. Ich glaube ihnen die Freude jedenfalls und bin schon nach wenigen Stunden wieder voll angekommen im Bordleben.

DER NEUE KOLLEGE

Wir liegen im Hafen von Palma de Mallorca. Die Zeit ist wie im Flug vergangen: Jetzt bin ich schon wieder dreieinhalb Monate an Bord – 7 Tage die Woche, 24 Stunden täglich auf Abruf bereit. Ich sitze gerade in meinem Büro vor einem Stapel Papier, als das Telefon klingelt. „Dein neuer Kollege ist gerade angereist! Bitte komm vorbei und hol ihn ab." „Aber klar doch!" Ich eile zum Büro des Crew Pursers (Rezeption für die Besatzung), wo die neue Besatzung gerade eingecheckt wird und suche nach meinem neuen Kollegen, der mich nun zehn Tage lang wie ein Schatten auf Schritt und Tritt verfolgen und hoffentlich alles aufsaugen wird, was ich ihm auf seinem Weg mitgeben werde. Im Crew Purser Büro angekommen, schaue ich auf ein verschwitztes T-Shirt. Im selben Moment dreht es sich um und ein genauso verschwitztes Gesicht grinst mich an. „Hallo! Ich bin Thomas. Deine Ablöse." „Hallo Thomas! Ich bin Sophie. Herzlich willkommen an Bord."

Thomas ist zum allerersten Mal an Bord eines so großen Schiffs. Zuvor ist er mal mit einer Autofähre nach Schweden gefahren, wie er mir stolz erzählt. Er freut sich total auf die vielen neuen Herausforderungen, sagt er. Thomas hat vorher beim Fernsehen gearbeitet, aber immer hinter den Kulissen. Nun wird er sich daran gewöhnen müssen, täglich im Rampenlicht zu stehen. Und ich habe ab sofort alle Hände voll damit zu tun, ihm alles Wichtige zu zeigen. Um ehrlich zu sein, beschleichen mich bei ihm so meine Zweifel. Die Erfahrung der vergangenen Jahre hat nämlich gezeigt, dass Mitarbeiter, die noch nie an Bord eines Kreuzfahrtschiffs gearbeitet haben, erst einmal längere Zeit brauchen, um sich an das Schiffsleben zu gewöhnen. Das ist nämlich echt speziell! Viele täten daher gut daran, sich zunächst in einer Position mit weniger Verantwortung zu versuchen. Doch sei's drum, ich werde mich spitzenmäßig um ihn kümmern!

Nachdem Thomas seine Sachen auf die Kabine gebracht und sich ein frisches Hemd angezogen hat, nehme ich ihn sofort mit zum Schiffsrundgang für alle neu angereisten Gäste. Hier soll er sich gleich anschließen und mit „ortskundigen" Kollegen die wichtigsten öffentlichen Bereiche des Schiffes kennenlernen. Das Schiff ist so groß, dass man sich in den ersten Tagen permanent verläuft. So wird es nicht nur Thomas gehen, so geht es auch unseren Gästen jede Reise wieder aufs Neue. Deshalb: Bei neuen Schiffen oder längerer Kreuzfahrt-Abstinenz, immer den Schiffsrundgang mitmachen, gut zuhören und sich im Idealfall Wege, Orte und Decks merken! Auch wenn's schwer fällt angesichts der aufkommenden Urlaubslaune – schließlich will man an Bord ja endlich mal richtig entspannen und alle lästigen Pflichten vergessen. Erstaunlich viele Gäste haben diesen Leitspruch zum Inbegriff ihres Urlaubs gemacht – nicht immer zur Freude der Crew. Gerade am Anreisetag trifft man überall an Bord verwirrte Menschen. Sie wabern übers Schiff wie Sardinen durch die Bucht, allerdings ohne erkennbare Schwarmintelligenz. Nach dem Vorbild von Hans-Guck-in-Luft rennen sie vor Säulen und geben immerzu nur Laute wie „Boah", „AAAAHHH", „Krass" oder „Ey, guck ma" und „DA!" von sich. Ganze Sätze hört man selten. Fragen an die Crew klingen dann häufig so: „Klo?", „Essen?" oder „Happy Hour?". So einfach ist das im Urlaub. Aber zum Glück gibt es überall und in jedem Winkel des Schiffs überaus freundliche Crewmitglieder, die alles verstehen, was jemand, der unter akuter Vergesslichkeit leidet, gerade so braucht, essen möchte oder welche der unüberschaubar vielen Toiletten man gerade benutzen, fotografieren oder besichtigen möchte. Oder das Wichtigste: An welcher Bar ist eben gerade Happy Hour. In diesem Zustand befindet sich der Durchschnittsgast in der

Regel die ersten 48 Stunden, andere leiden aber auch die komplette Reise darunter.

Eines allerdings merkt sich der Durchschnittsgast tatsächlich nie: Wo ist backbord und wo steuerbord? Wo Bug und Heck? Diese Orientierungslosigkeit zeigt sich deutlich, wenn Gäste zehn Minuten nach der „Tea Time", noch Kuchenreste im oberen Backenzahn hängend, das Buffet-Restaurant suchen. Man will ja seinen „reservierten Stammtisch" nicht abtreten. Doch dann steht man, wie von Geisterhand, plötzlich im Fitnessstudio und hat keine Ahnung wie man da hingekommen ist. Also wendet man sich an die sportliche Dame am Tresen mit der schon bewährten Frage: „Essen?" Antwort: „Da!" Zum Glück hat sich die nette Fitnesstrainerin sprachlich mittlerweile angepasst und deutet dazu mit dem Finger genau in die andere Richtung. Essen gibt's am anderen Ende, im Heck oder auch: am „Arsch" des Schiffes. Da, wo man dick und fett wird. Der Gast tapert los und landet, dank der Präzision der Beschreibung, direkt am Zielort: der Käsetheke im Buffet-Restaurant.

Mein Telefon klingelt, Thomas ist dran. „Der Schiffsrundgang ist vorbei, kannst du mich abholen?" „Klar doch, wo bist du denn?", frage ich.

„Gute Frage ... wenn ich das nur wüsste." Da höre ich im Hintergrund Live-Musik und klapperndes Geschirr hinter irgendeiner Theke.

„Ich weiß, wo du bist! Rühr dich nicht von der Stelle. Ich bin gleich bei dir!" Nach zwei Minuten bin ich bei ihm. Sein eben noch frisches Hemd ist wieder völlig durchgeschwitzt, auf seiner Stirn bilden sich Schweißperlen. „Und, wie war's?", frage ich ihn. „Alles gesehen? Wie geht es dir?"

„Alles gesehen", antwortet er mit einer Mischung aus Resignation und Faszination ob der Größe und Anzahl möglicher Wege um von A nach B zu kommen. „Aber sag mal, ist das immer so, dass Gäste in Bademänteln durch die öffentlichen Bereiche laufen und in diesen Outfits versuchen, Plätze in den Restaurants zu bekommen? Erstaunlich, wie schmerzbefreit ein paar Leute in dieser Hinsicht doch sind."

„Das ist normal, da hast du dich schnell dran gewöhnt", antworte ich. „Einmal stand ein Gast sogar vollkommen nackt vor einer Gruppe von Gästen beim Schiffsrundgang. Er hatte in der Sauna auf dem Weg zum Freiluftbereich die falsche Tür erwischt.", sage ich lachend. Und heimlich denke ich:

Lieber Thomas, du wirst dich noch wundern, was an Bord so alles passiert. Das hier ist erst der Anfang!

4 TAGE IM BLÜMCHENKLEID

Zurück im Büro erfahren wir, dass bei einigen Gästen wieder einmal das Gepäck nicht angekommen ist. Wir können in einem solchen Fall zwar nichts tun, aber es ist immer gut Bescheid zu wissen. Nur so kann man entsprechend reagieren, sollte man mit betroffenen Gästen ins Gespräch kommen.

„Was macht ihr denn, wenn Gäste kein Gepäck erhalten und ihr abends ablegt? Wird das Gepäck dann nachgeliefert?", fragt Thomas.

„Ja, genau. Manchmal wird das Gepäck dem Schiff hinterher geflogen und ist ganz schnell an Bord. Manchmal kann es aber auch ein paar Tage dauern. Eine Dame ist dadurch mal richtiggehend berühmt geworden."

Diese Dame war angereist, bezog ihre Kabine und wartete auf ihren Koffer. Als der aber nach langer Wartezeit noch immer nicht vor der Kabine stand, wurde sie unruhig und beschwerte sich an der Rezeption über den schlechten Service. Die Rezeption teilte ihr mit, dass ihr Koffer bisher noch nicht aufgetaucht sei, man ihn aber bereits suche. Etwa eine Stunde später erreichte eine Nachricht das Schiff, dass ein Koffer am Flughafen zurückgeblieben war. Niemand hatte ihn vom Gepäckband genommen. Die Dame hatte fälschlicherweise gedacht, dass auch diesen Service das Schiff übernimmt. Sein Gepäck am Band zu identifizieren, bleibt natürlich logischerweise Sache jedes Gastes. Da das Schiff bereits klar zum Auslaufen war, musste sich die Dame damit abfinden, ihren Koffer an diesem Tag nicht mehr zu erhalten. Sie war am Tag der Anreise mit einem auffälligen Blümchenkleid bekleidet und trug Sandaletten. Dieses Outfit behielt sie nun geschlagene vier Tage am Stück an. Zahnpasta, Duschgel und ein kleines Notfallpaket wurden ihr von der Rezeption gestellt. Nach kurzer Zeit kannte jeder Gast die Dame, die immer im selben Outfit über das Schiff lief und allen Gästen ihre Geschichte erzählte. Da der erste Reisetag ein Seetag war, konnte natürlich kein Koffer nachgeliefert werden. Der nächste Tag war ein Landtag, aber die kapverdische Insel Sal, an der das Schiff festmachte, wird nur an bestimmten Wochentagen angeflogen. Somit konnte der fehlende Koffer auch hier nicht nachgeliefert werden. Der übernächste

Tag war wieder ein Seetag und dann, im darauffolgenden Hafen, fanden Koffer und Dame endlich zueinander. Viele Gäste fieberten am Morgen mit der Dame mit, als ein Wagen gleich nach dem Anlegen vor das Schiff fuhr und an der Pier haltmachte, um einen Koffer in die Luke zu reichen. Jeder an der Reling Stehende wusste ganz genau, wem dieses Gepäckstück gehörte. Die Dame freute sich natürlich wahnsinnig. So sehr, dass sie von nun an bis zum letzten Tag der Reise ihre Outfits jeden Tag mehrfach wechselte. Gäste und Crew wussten das natürlich zu kommentieren und die Frau mit dem Blümchenkleid und den Sandaletten erreichte Kultstatus an Bord.

Thomas und ich drehen am Abend eine Runde über die Decks. Überall laufen noch verwirrte Gäste herum. Da ist es gut, sich blicken zu lassen, um Rede und Antwort zu stehen. Schließlich sprechen Gäste Mitarbeiter in Uniformen gern an, denn die machen immer einen kompetenten und gut informierten Eindruck. Und natürlich wissen sie auf alle noch so dummen Fragen die passende Antwort.

„Entschuldigen Sie", höre ich eine Stimme von der Seite. Gespannt drehe ich mich zu der Dame um. „Wie kann ich helfen?" „Ich bin heute angereist und warte auf mein Gepäck. Wird das denn heute noch an Bord gebracht?" „Na, aber sicher.", antworte ich, professionell freundlich. „Machen Sie sich mal keine Sorgen, das Gepäck wird vorher noch durchleuchtet, bevor es an Bord kommt und dann noch heute Abend vor die Kabinentüren verteilt." „Ach, wie schön!" Die Dame eilt von dannen. „Was war das denn für 'ne Frage?", wundert sich Thomas. „Wir legen doch in drei Stunden ab. Wann soll das Gepäck denn sonst an Bord kommen, wenn nicht heute noch?" „Och", ich zucke mit den Schultern, „das war noch gar nix!"

MAN WIRD JA WOHL NOCH FRAGEN DÜRFEN!

Besonders in Erinnerung geblieben sind mir diese herrlichen von Gästen gestellten Fragen sowie ein paar der charmanten Antworten meiner Kollegen:

Am Seetag: Gehen die Postkarten heute noch raus?

Am ersten Ausflugstag: Sind die Ausflüge schon raus? (Wir hatten noch nicht mal an Land festgemacht!)

Wer steuert das Schiff, wenn der Kapitän schläft?

Antwort Captain: die Putzfrau natürlich.

Hat das Schiff einen eigenen Stromgenerator? Auf diese Frage antwortete der Kreuzfahrtdirektor: Nein, wir spannen ein extra langes Verlängerungskabel von Miami zu allen Häfen.

Wann startet die 14:00 Uhr Tour?

Warum sind die Ruinen auf Ausflug 03 in derart schlechtem Zustand?

Ist diese Insel komplett umrundet von Wasser?

Ist unsere Außenkabine über der Wasseroberfläche?

Wieso haben Innenkabinen kein Fenster?

Muss ich das Schiff verlassen, um an einem Ausflug teilzunehmen?

Wie hoch über dem Meeresspiegel befinden wir uns?

Wenn das Schiff schon abgelegt hat, wenn wir am Pier ankommen, lassen sie uns noch einsteigen?

Ist da Meerwasser in den Pools? Ja. Ach, das erklärt auch die vielen Wellen …!

Können wir auch zur 1. Sitzung zum Abendessen gehen, falls wir die 2. Sitzung verpassen?

Als wir durch die Meerenge bei Florida fuhren, fragte mich auf dem Außendeck ein anderer Urlauber, ob ich weiß, ob das Salz oder Süßwasser ist. Ich antwortete, dass auf der Backbordseite Salzwasser und auf der Steuerbordseite Süßwasser ist. Er hat sich bei mir bedankt und mir ganz freudig erzählt, dass er gerade eine Wette gegen seine Frau gewonnen hat.

Zur Kaffee-und Kuchenzeit hat eine Dame gefragt, ob der Kuchen an Bord gebacken wird. Meine Antwort: Klar, an Backbord!

CREWWW ALLÄÄÄÄÄÄRT!!!

Eine Stunde vor Auslaufen beginnt die Seenot-Rettungsübung, die einzige Pflichtveranstaltung an Bord. Diesmal die allerletzte für mich. Nie wieder werde ich künftig an Deck stehen, den Durchsagen der Brücke lauschen und mit einem Megaphon in der Hand Gäste anschreien.

Wie sagte gleich noch eine Kollegin so schön, nachdem sie gerade die Präsentation über einen Ausflug erfolgreich und unter Beifall der Zuhörer beendete: „Alles, was Sie an Bord tun, ist freiwillig, bis auf eines: Die Seenot-Rettungsübung. Denn da bereiten wir Sie auf Ihren Untergang vor!"

Die Lautsprecheranlage geht los. Auf gefühlt jedem Schiff dieser Welt befindet sich immer mindestens ein aus Italien stammender Offizier, der, so wie es mir scheint, auch immer derjenige ist, der die Durchsagen zur Seenotrettungsübung machen darf. In fast perfektem Englisch klingt es also über die Lautsprecheranlage: „Assässement Call Assässement Call. Pliiise prcoceed to Deck 2, Firrrre Zone 4, Crrrrew Laundrrrry."

O.K. Damit bin ich noch nicht gemeint. An Bord gibt es ein speziell ausgebildetes Feuerteam. Dieses Team ist im Notfall zum Beispiel für die Brandbekämpfung zuständig.

Der nächste Alarm, gilt auch für den Rest der Besatzung: „Crrrrew Allääääärt, Crrrrew Alläääääärt, all Crrrrew prrrrroceeeeed to the assigned Safety Duty Station. Crrrrrrew Alläääääärt, Crrrrrew Alläääääääärt!"

Jetzt geht es raus an die Front für die gesamte Crew. Für mich heißt das: Ab auf die Musterstation, auf der auch nach kurzer Zeit ein schon wieder total verschwitzter Thomas auftaucht. Dorthin, wo sich in wenigen Minuten alle Passagiere einfinden werden – sofern sie nicht die unüberhörbar laute Folge von sieben kurzen und einem langen Ton überhören sollten: den Alarm der Passagiere.

Immer wieder muss ich feststellen, dass sich viele Gäste, sobald sie das Wort „Crrrrew" in der italienisch anmutenden Durchsage hören, offenbar angesprochen fühlen und sich auf den Weg zur Musterstation begeben. Auf dem Weg dorthin versuchen sie, natürlich im Gehen, die Rettungsweste richtig anzuziehen. Das geht in zahlreichen Fällen schief und endet damit, dass sämtliche Gänge in den Treppenhäusern für die Crew versperrt werden, die jedoch eiligst zu ihrer Station muss. Irgendwie schaffen es die Kollegen trotzdem immer wieder, noch rechtzeitig zu erscheinen und sich als Erster des Wettrennens auf ihrer Station zu melden.

Als ich auf meiner Station ankomme, stehen dort bereits einige Gäste, die es vorzeitig geschafft hatten, die Anweisung zum Anlegen der Weste zu lesen und nun dort herumlungern. Ich vermute, dass sie direkt nach Erreichen des Schiffes die Weste angelegt und in der Kabine auf das erste Signal gewartet haben. Als dann endlich die sieben kurzen und der schrille, laute, lange Ton folgen und mein linkes Trommelfell dem Platzen nah ist, füllt sich die Sammelstation nach und nach mit allen Passagieren. Richtig eng und kuschelig wird es, wenn das Schiff komplett ausgebucht ist.

Ein mittelgroßes Problem tut sich auf, wenn Gäste meinen, man wäre schon ausgelaufen und in See gestochen, obwohl man während der Übung bekanntlich noch im Hafen liegt. Dieses Phänomen tritt bei wenigen Menschen auf und dabei ergeht es dem ein oder anderen dann wie während einer Magen-Darm-Spiegelung. Wer schon einmal eine hat über sich ergehen lassen, weiß, wovon ich spreche. Einigen Gästen geht es dann tatsächlich zum Kotzen. Zum Glück ist die Crew für den Fall der Fälle präpariert und hat Spuckbeutel dabei. Auf manchen steht ein aufforderndes: Füll mich! Oder es ist einfach nur ein Smiley aufgemalt. Die Kollegen möchten natürlich unerkannt bleiben. Die Gemälde entstehen heimlich und fallen immer erst dann auf, wenn sich die Tüte schon in den Händen eines halb vollgekotzten Teenagers befindet. Und dann ist es auch nicht mehr schlimm.

Bei der Seenotrettungsübung üben wir immer wieder alle möglichen Situationen. Darum kann es durchaus sein, dass ein Besatzungsmitglied dazu verdonnert wird, ein Brandopfer zu spielen. Zum Glück kam bisher noch niemand auf die Idee, an einem Seetag die Rolle des über Bord gegangenen Passagiers nachzuspielen. Auch ich wurde einmal kurz vor Beginn der Übung auf die Brücke zum Sicherheitsoffizier zitiert, um mich dann gemeinsam mit einer Kollegin in einem Schaltraum unter dem Schornstein bei absoluter Dunkelheit einschließen zu lassen. Wir sollten die Opfer spielen. Damit noch nicht genug: Jede von uns bekam eine Rolle zugewiesen, schauspielerisches Talent war also auch noch gefragt. Meine Kollegin hatte den anspruchsvolleren Part: Ihre Aufgabe bestand darin, regungslos irgendwo zwischen den einzelnen Stahlwänden herum zu liegen und ganz laut „Hilfe, Hilfe!" zu schreien. Und das solange, bis jemand kommt und sie rettet. Ich lag im Vergleich dazu einfach nur unter einem Schaltkasten und sollte „schon halbtot" spielen. Nicht bewegen, nicht reden, einfach liegen bleiben und warten bis mich jemand findet. „Das kriege ich hin", dachte ich mir. Die Tür wurde von außen verschlossen, Licht aus und plötzlich lagen wir da auf den kalten Stahlplatten, etwa 25 Meter Luftlinie voneinander entfernt.

„Wann soll ich denn anfangen zu schreien?" hörte ich in meinem leblosen Zustand meine Kollegin aus dem Dunkel flüstern. Ich entschied mich kurz wieder unter die Lebenden zu treten und antwortete: „Na, am besten sofort, umso schneller findet uns hier jemand in diesem fiesen Loch." Es war schon unheimlich dunkel unter dem Schornstein und mir wurde so langsam aber sicher doch etwas kalt. Da fing meine Kollegin wie irre an zu Schreien. Zwischendurch hatte ich tatsächlich das Gefühl, dass ihr wirklich was passiert sei. „Alles in Ordnung?", fragte ich nach etwa zehn gefühlten Minuten. In der Stimme meiner Kollegin war schon ein raues Kratzen hörbar. „Meine Stimmbänder leiden so langsam. Sonst ist alles gut. Wann kommt denn jemand? Hat man uns vielleicht vergessen? Der erste Alarm ist doch schon längst vorbei." Kaum ausgesprochen, öffnete sich zum zweiten Alarm des „Crew Alert" die Tür, der Sicherheitsoffizier trat ein, zusammen mit dem wachhabenden Offizier. Natürlich sah ich die beiden in der Dunkelheit nicht, erkannte sie aber eindeutig an ihren Stimmen. „Alles O.k. soweit?", hörte ich den Sicherheitsoffizier meine Kollegin fragen. „Ja, ja, alles O.k.", antwortete sie. „Nichts ist O.k., du dumme Nuss", dachte ich mir. Es ist kalt und du hast gleich keine Stimme mehr um Hilfe zu rufen. Wann, um Gottes Willen, kommen wir hier endlich raus?

„Wir machen nun noch die Nebelmaschinen an. Sie sind ganz in eurer Nähe positioniert. Nicht erschrecken, aber ihr werdet gleich eingeräuchert. Mal sehen, ob die zuständigen Jungs vom Feuer-Team euch dann noch finden!", freute er sich und schickte noch ein fieses „Ha Ha" hinterher. Fast zeitgleich verschloss sich wieder die Tür von außen.

Es ertönte ein lautes Zischen von irgendwo, im Dunkeln erkannte ich eine graue Wand aus Dunst, die sich wie eine große dicke Wolke im ganzen Raum verteilte. Immer näher kam der übelriechende

Schwaden auf mich zu gerollt. „Schrei!", schrie ich meine Kollegin an. „Schrei so laut du kannst!" Und sie schrie, halb hustend, was sie aus ihren Stimmbändern noch so herausquetschen konnte. Mittlerweile hatte der Rauch nun auch mich in der untersten und hintersten Ecke des Schaltkastens erreicht und es wurde der dritte Alarm ausgelöst. Das bedeutete, dass wir uns nun schon etwa geschlagene 20 Minuten in diesem Raum befanden. Nach einer gefühlten Ewigkeit öffnete sich die Tür und herein traten einige Crewmitglieder des Feuer-Teams in voller Montur mit Atemschutzmasken, Sauerstoffflaschen, feuerfesten Gummistiefeln und Helmen. Unsere Retter! „Schnell, zieht mich hier raus" – dachte ich mir. Da mir untersagt worden war, irgendwelche Töne von mir zu geben, lag ich also immer noch brav unter meinem Schrank und wartete. Und wartete und wartete. Überall liefen die maskierten Männer hin, nur nicht zu mir. Nach einer gefühlten Ewigkeit begab es sich, dass auch ich gerettet wurde. Doch es stellte sich als höchst kompliziert heraus mich unter diesem Schrank hervor zu bekommen. Ein Rücken mit Sauerstoffflasche darauf ist nämlich äußerst ungelenk. Irgendwann wurde ich hervorgezogen, zur Tür hinausgetragen und ins grelle Tageslicht katapultiert. Es folgte ein rasantes Aufschnallen meiner Wenigkeit auf eine

Krankentransportliege. Das unter ihren Masken japsende Feuerteam bekam den Auftrag, meine Kollegin und mich ins Bordhospital auf Deck 3 zu bringen. Da im Notfall keine Aufzüge benutzt werden dürfen, taten mir meine Retter dann doch so langsam richtig leid. Vom obersten Deck bis auf Deck 3. Voll maskiert brachten sie uns prustend über die Treppen hinunter. Dabei lösten sich leider irgendwie die Schnallen, mit denen ich an meiner lebensrettenden Trage festgeschnallt war. In einem Affenzahn sauste ich die Trage hinunter und blieb auf den Treppenstufen liegen. „Ups", raunte da einer derjenigen, mit denen ich für einen kurzen Augenblick sogar Mitleid empfunden hatte, durch seine Sauerstoffmaske. Die Jungs hievten mich zurück auf die Trage und brachten uns ins Hospital. Gerne wäre ich für weitere Untersuchungen dortgeblieben, doch gerade angekommen, folgte der letzte Alarm: „Boat Muster Station. Boat Muster Station."

Nachdem die Gäste schon längst wieder in der Sonne vor sich hin brutzelten, musste die Crew nun noch zu ihren Sammelplätzen bei den Booten. Also durfte das Rettungsteam mich und meine Kollegin – wir waren ja immer noch „verletzt" – zu den Booten auf das Außendeck bringen. Endlich dort angekommen, löste ich mich aus der bereits wieder lockeren Umschnallung der Trage, als die befreiende Durchsage des Kapitäns folgte: „Auch für die Besatzung ist das Manöver hiermit beendet. Alle Signale haben wieder ihre volle Bedeutung." Selten habe ich mich dermaßen über die Stimme des Kapitäns gefreut.

EIN LETZTES MAL GÄSTE ANSCHREIEN

Wir liegen noch immer im Hafen von Mallorca, es ist 21 Uhr. Bei uns auf Station sind mittlerweile nicht nur Thomas und der Rest der Crew, sondern auch alle neu angereisten Gäste eingetroffen. Nachdem die Crew schon gemustert wurde, sind nun auch die Gäste dran. Wir machen eine Durchsage nach der nächsten, beantworten alle Fragen der Passagiere und bleiben nach der Seenot-Rettungsübung noch so lange auf den Außendecks stehen und wünschen einen schönen Abend, bis auch der letzte Gast die Türe zurück ins Schiff gefunden hat.

„Das ist ja ganz schön eng hier draußen an Deck, wenn alle so eingequetscht nebeneinander stehen müssen", bemerkt Thomas. Mittlerweile ist auch sein drittes Hemd durchgeschwitzt. „Kann es denn mal vorkommen, dass Gäste nicht teilnehmen möchten? Was macht man denn da?" Thomas Frage ist durchaus berechtigt, denn das kann durchaus vorkommen. „Die Gäste werden ausgerufen und an Bord gesucht. An der Übung müssen ausnahmslos alle Gäste teilnehmen", antworte ich. „Aber es kommt tatsächlich öfter mal vor, dass ein paar Leute versuchen, sich zu drücken, weil sie gerade andere Dinge vorhaben."

Ein junges Pärchen fehlte einmal bei uns auf der Station. Sie wurden ausgerufen, über Megaphon und über die Lautsprecheranlage, doch sie tauchten nicht auf. Also musste ein Offizier los, um sie zu suchen. Er fand sie auf ihrer Kabine beim Sex. Die beiden tauchten keine fünf Minuten später, nur im Bademantel bekleidet, auf der Musterstation auf. Beide mit völlig zerzaustem Haar und jeder Menge verschmiertem Lippenstift in den Gesichtern. Alle wartenden Gäste empfingen sie mit lauten Pfiffen und Gelächter. Sie waren für den Rest der Reise auf dem ganzen Schiff berühmt.

Auch ein Herr mittleren Alters erschien einmal nicht bei der Seenot-Rettungsübung. Er wurde ausgerufen, wurde als fehlend gemeldet und dann vom Sicherheitsoffizier ebenfalls auf seiner Kabine entdeckt. Der Herr begründete seine Verweigerung wie folgt: Er wolle sich nicht an die Wand stellen und von Offizieren anschreien lassen, nicht eingepfercht zwischen Hunderten Mitreisenden wie zum Abschuss vorgeführt werden. Das rufe bei ihm schlechte Erinnerungen hervor. Als Zeichen seines Boykotts weigerte er sich, eine Hose anzuziehen. Nach langer Diskussion gelang es meinem Kollegen dann schließlich doch noch, den Gast zu beruhigen. Er erschien vorschriftsmäßig und inklusive Hose auf unserer Station. Er stellte sich sehr zerknirscht unter dem Gejohle aller Mitreisenden in die erste Reihe. Wahrscheinlich stellte er auch zeitgleich fest, dass die Übung gar nicht so schlimm war, wie von ihm befürchtet.

Ein wenig herausfordernd sind Seenot-Rettungsübungen auf Kurzreisen, bei denen laut johlende Kegelclubs und Junggesellenabschiede in Matrosen- und Kapitänskostümen an Bord sind. In der Regel erscheinen solche Gruppen schon zur Übung völlig betrunken und stören alle anderen Passagiere. Da hilft nur eins: In die erste Reihe stellen und direkt das Megaphon mit höchster Lautstärke auf die Störer richten. Dann ist ganz schnell Ruhe im Karton.

Für mich ist die Übung für heute und damit für immer erfolgreich beendet. Mein Arbeitstag dagegen ist jedoch noch lange nicht vorbei. Um 22:00 Uhr treffen wir uns auf dem Pooldeck. Unsere neu angereisten Gäste werden bei einem Glas Sekt direkt mit einer tollen Show begrüßt. Thomas ist hin und weg, aber auch richtig müde. Genauso wie ich. Nach Mitternacht verabschiede ich mich augenzwinkernd von ihm und verrate ihm ein weiteres Seefahrer-Geheimnis: „Und übrigens: Was man in der ersten Nacht an Bord eines Schiffes träumt, geht in Erfüllung!" Ich hoffe, er hat gute Träume. Wir verabreden uns für den nächsten Tag um acht Uhr im Büro – mein letzter Seetag.

MEETINGS ÜBER MEETINGS

„Guten Morgen, gut geschlafen?", begrüße ich Thomas, der recht ausgeschlafen für diese Uhrzeit ganz allein den Weg in unser Büro gefunden hat. Sich am zweiten Tag an Bord nicht gleich in den vielen, identisch aussehenden Gängen im Crew-Bereich zu verlaufen, ist wirklich eine Leistung. „Geschlafen wie ein Baby", kontert er.

Wir sitzen im Büro und besprechen den nun folgenden Seetag, checken E-Mails und bereiten uns auf das erste Meeting des Tages um neun Uhr vor. Der Beginn einer Reise an Bord, besonders der erste Seetag, ist immer voll mit Meetings. Jeder hat etwas mitzuteilen, Pläne werden plötzlich geändert, obwohl alle Programme der Reise doch eigentlich vorab schon fest besprochen waren. Im ersten Meeting geht es um Änderungen von Abläufen, zusätzliche Angebote für die Gäste, alle Fragen finden Gehör, ebenso wie auch viel Austausch und Diskussionen. Das Ganze wird angeleitet vom Kreuzfahrtdirektor, dem Vorgesetzten der gesamten Crew.

Im Anschluss folgen dann noch zwei kurze Meetings: Zuerst das Manager-Meeting und danach die Team-Meetings. Im Manager-Meeting schart unser Boss noch mehr Manager um sich, die dann Stellung beziehen sollen zu den Themen, die bereits im 9-Uhr-Meeting besprochen wurden. Wenn dann etwa dreißig Meinungen zur Auswahl stehen, entscheidet er sich mit an Sicherheit grenzender Wahrscheinlichkeit für die erste, nämlich seine eigene Meinung, bevor er alle in die eigenen Team-Meetings schickt. Schließlich muss das Besprochene ja sogleich auf allen Ebenen kommuniziert und auf ToDos heruntergebrochen werden.

Hierarchie ist an Bord tatsächlich immer noch ein großes Thema. An „flache Hierarchien", die, geht man nach den Stellenausschreibungen im normalen Leben, neuerdings überall eingeführt werden, ist hier nicht zu denken. Vorgesetzte sind keine Kollegen! Sie sollen Orientierung und Halt geben, die Richtung weisen, Aufträge vergeben, auch mal eine Ansage machen. Das passiert in speziellen Fällen in Form von eigens erfundenen Hausregeln, die dann als selbsterklärende Memoranden über die Schiffe verstreut werden. Seitenlang und mehrsprachig sollen sie an alle erdenklichen schwarzen Bretter montiert werden um ein besseres und geordneteres Leben innerhalb der Crew zu bewirken. Wer hier Parallelen zu einem gewissen Herrn Luther sieht, schätzt den Grad der Eitelkeit der Weisung gebenden Person realistisch ein. Einziger Haken: Niemand liest die epischen Werke. Peinliche Rechtschreibfehler, zu viele Seiten – am Ende weiß niemand, was der Verfasser der Nachricht eigentlich mitteilen wollte. Dasselbe Problem tritt zu 99% beim Abhalten von Meetings auf: Meeting hier, Meeting da! Am liebsten fünf Stunden am Tag. Dass alle auch mal aufs Klo wollen oder ihre Mailbox schon zum hundertsten Mal eine eintrudelnde Mail ankündigt, zählt nicht. Auch Essen und Trinken wird völlig überbewertet. Und die eigentliche

Arbeit sowieso. Hauptsache, der Chef hat sich mitgeteilt und hält alle auf Trab. Gerne mit den Worten: „Ich bin ja mal gespannt, was ihr alles erreicht und umgesetzt habt, bis ich um 17 Uhr von meinem Ausflug zurück bin!" Dieser Ausspruch setzt bei den Mitarbeitern starke Gefühle frei. Hass, Zerstörungswut und der Drang zu hochprozentigem Alkohol zu greifen, um nur die häufigsten zu nennen. Am besten tut man es dem Boss gleich, geht direkt selbst an Land und lässt sich einfach die Sonne auf den Bauch scheinen. Mit einem Cocktailglas in der Hand.

Inzwischen ist es 11:30 Uhr. Nach dreieinhalb Stunden im Meeting ist Thomas schon wieder klatschnass. „Boa, nun bin ich aber fix und fertig", stöhnt er. „Das war ja ein Meeting-Marathon. Ist das immer so?" „Ja. Aber auch daran gewöhnt man sich. Man muss nur wissen, was man für sich und sein Team wirklich braucht, den Rest kann man vergessen", versuche ich ihn zu beruhigen. In Wirklichkeit erinnere ich mich kaum noch, was überhaupt in den Meetings besprochen wurde. Nur Fetzen einzelner Themen habe ich grob abgespeichert.

Nach dem Mittagessen fangen wir an, Liegengebliebenes vom Vortag und Vormittag aufzuarbeiten.

Vor allen Dingen muss ich Thomas schnellstmöglich alle ihm noch neuen schiffstypischen Programme am PC erklären.

„Mir qualmt der Kopf", jammert Thomas, nachdem wir uns bei einem Kontrollgang die Füße vertreten haben. Mir geht es nicht anders. „Komm, wir machen eine Pause", beschließe ich. „Lass uns nachher zum Abendessen treffen und dann machen wir weiter." Auf meiner Kabine angekommen, fallen mir sofort die Augen zu. Nach einer gehörigen Portion Schlaf schäle ich mich aus dem Bett. Gut erholt wäre jetzt geprahlt, aber ich fühle mich bereit für das Abendprogramm. Im Büro wartet Thomas schon. Offenbar noch nicht lang. Den Abdruck seines Kopfkissens sieht man noch deutlich auf der linken Wange.

VIELFAHRER-TREFF ODER: FRÜHER WAR ALLES BESSER

Zu Beginn einer jeden Reise werden die treuesten Gäste von uns Offizieren persönlich begrüßt. So auch heute Abend. „Thomas, du musst gleich ganz tapfer sein", warne ich ihn in weiser Voraussicht schon einmal vor. „Du darfst nun mit zu DEM Treffen schlechthin. Unsere Stammgäste kommen zum Plauderstündchen mit uns Offizieren! Ich sag's dir: Dabei wirst du Gäste kennenlernen, die du so noch nicht erlebt hast!"

Was Thomas noch nicht weiß: Unsere Wiederholer, die mehrmals im Jahr bei uns an Bord Urlaub machen, halten sich für die eigentliche Besatzung. Ihnen gehört sprichwörtlich das Schiff. Denn sie wissen grundsätzlich alles besser, kennen angeblich jeden noch so versteckten Winkel an Bord und sind mit allen Kapitänen und Kreuzfahrtdirektoren per Du. Unsere Aufgabe heute Abend wird es sein, eine Stunde lang Smalltalk mit diesen Leuten zu führen. Das kann, wenn man Glück hat, echt nett werden. Oder eben auch nicht.

Heute habe ich kein Glück und lande an einem solchen „Schlaumeier-Tisch". Und natürlich beginnt der Abend mit Thema Nummer Eins: „Früher war alles besser. Als noch Gottfried und Hans als Kapitän und Kreuzfahrtdirektor tätig waren. Kein Vergleich zu heute." In solchen Fällen würde ich dann gern antworten: „Wenn's euch so gar nicht mehr gefällt, warum seid ihr dann noch da?" Mache ich aber nicht. Denn die anderen Wiederholer, die am selben Tisch stehen, bringen schon das nächste

Thema aufs Tapet: „Ich habe heute im Bordshop einen Gutschein einlösen wollen, den die Mitarbeiterin nicht mehr angenommen hat, weil er seit einem Jahr abgelaufen ist. Ich war stinksauer und habe einen Riesenaufstand gemacht! Ich bin Wiederholer, so geht man doch nicht mit seinen treuesten Kunden um, oder? Gutschein hin oder her." Sie wartet offensichtlich auf Bestätigung der übrigen Gäste am Tisch. Natürlich nicken alle zustimmend. Ich schaue ungläubig von einem zum anderen und könnte auch unsichtbar sein. Mit mir will eh keiner reden.

Thomas steht am Nachbartisch. Ich schaue kurz rüber, um zu überprüfen, ob er noch am Leben ist, da höre ich, wie einer der Wiederholer ihn fragt: „Und, seit wann sind Sie denn schon in der Flotte, alter Junge?" „Seit gestern", antwortet Thomas in seiner Drei-Streifen-Uniform höflich und erntet erstaunte und teilweise mitleidige Blicke. Eine ältere Dame drängelt sich an seine Seite: „Ach, da kann ich ihnen aber jede Menge erzählen. Machen Sie sich mal keine Sorgen, ich weiß alles über die Seefahrt!" und schon hat sie den Arm um ihn gelegt und redet auf ihn ein. Ich habe wirklich, wirklich Mitleid mit Thomas.

„Meine Fresse, ist das immer so anstrengend?", seufzt Thomas, nachdem endlich alle Gäste weg sind. „Und müssen wir da echt bei jeder Reise durch?" „Ja, sehr unterhaltsam dieses Treffen, oder?", kontere ich neckisch. „Du wurdest aber auch belagert. Ein klitzekleines Bisschen hatte ich Mitleid mit dir!." „Zum Glück ist es erst mal vorbei", antwortet er. „Und jetzt? Feierabend?" Da kann ich wirklich nur müde lächeln. „Wir sind schon spät dran. Wir gehen sofort ins Theater." Ich hake ihn unter und wir marschieren los.

DIE FREAKSHOW DER OFFIZIERE

Das Theater ist bis auf den letzten Platz besetzt. Heute kommt nämlich ER auf die Bühne: Der absolute Superstar des Schiffs, Traum aller ledigen und bestimmt auch so mancher verheirateten Dame: Der Halbgott mit den Streifen, Herr über Wellen und Gezeiten – unser Kapitän!

Im Theater wird er sich heute vorstellen, ein paar Späßchen mit dem Publikum machen und dabei auch einen Teil seiner ersten Offiziere präsentieren. Ein kleiner Moment für den Kapitän, aber ein großer für die Gäste. Unter den Offizieren jedoch, die dabei auf die Bühne müssen, ist diese Veranstaltung eher unbeliebt. Jeder nennt sie „Muppet-" oder auch „Freak-Show".

„Musst du da auch mitmachen?", erkundigt sich Thomas neugierig. Ich muss zwar nicht in Reih und Glied stehen, aber ja. Ich muss den Kapitän zusammen mit dem Kreuzfahrtdirektor ankündigen und ein kleines Warm-up mit den Gästen machen. „Ab der nächsten Reise darfst du dann ran. Pass also gut auf!" und grinse Thomas an.

Weil so eine Armada aus bis zu elf Offizieren, gern intern auch „Ocean's Eleven" genannt, oftmals nicht so recht weiß, wer sich wie und in welchem Moment auf die Bühne stellen muss, gibt es als Hilfestellung immer zwei nette Damen, die sich backbord und steuerbord hinter der Bühne aufhalten, um die aufgeregten Damen und Herren Offiziere zu beruhigen und auf die Bühne zu begleiten. Auch ich durfte das schon so manches Mal tun. Einmal ist mir besonders im Gedächtnis geblieben: Die Musik für den Kapitän wurde eingespielt, Nebel auf die Bühne gepustet, bis auch wir da hinten völlig eingeräuchert waren. Es tropften erste Schweißperlen, weiße Offiziershemden verfärbten sich ins Durchsichtige, die Anspannung stieg. „Oh Mann, dieser Auftritt ist nur einmal in der Woche und ich kann trotzdem schon Tage vorher nicht schlafen", jammerte der Staffkapitän. Er ist die linke und rechte Hand des Kapitäns und verrichtet alle Arbeiten, auf die der Kapitän keine Lust hat. „Ich hasse es, auf die Bühne zu gehen. Bin lieber im Keller unterwegs," flüstert der technisch leitende Ingenieur. „Ich find´s auch total ätzend", stimmte die Umwelt-Offizierin mit ein, deren Bluse schon vor lauter Transpiration die BH-Träger durchscheinen ließ. „So schlimm finde ich das alles gar nicht", meldete sich da der Sicherheitsoffizier zu Wort. „Ist doch toll, wenn man solche Präsenz zeigen kann! Wir müssen ja nur ein bisschen rumstehen, dumm grinsen und dabei toll aussehen. Da ich sowieso der Sascha Hehn des Schiffes bin, fällt mir das besonders leicht", grinste er und ging mit dem Finger nochmal schnell über seine strahlend weiße Zahnleiste. Von dort aus wanderte der Finger final noch über die Augenbrauen. Was für ein arroganter Schleimscheißer! Genau deshalb trug er bei der Crew auch den Spitznamen: „Aal". Auf dem ganzen Schiff war er dafür bekannt, eben gerade nicht als Sascha Hehn-Verschnitt durchzugehen, er passte doch eher in die Kategorien „Volltrottel" bis „Idiot". Und obendrein hatte er einen Humor wie ein paar alte Socken. Die Umwelt-Offizierin musste auf die Bühne. Rechts und links eingehakt brachten meine Kollegin und ich sie mit einem breiten Grinsen im Gesicht auf ihren Platz vor dem Publikum. Die Gäste klatschten, wahrscheinlich wegen ihrer durchgeschwitzten Bluse und den sichtbaren BH-Trägern. „Und nun kommt der Mann, der hier an Bord dafür sorgt, dass alle bösen Buben draußen bleiben. An ihm kommt niemand vorbei, alles wird kontrolliert. Es ist unser Sicherheitsoffizier!", ertönte eine Stimme und der Möchte-Gern-Sascha-Hehn war dran. „So, Sascha Hehn, dann mal eingehakt und raus mit dir auf die Bühne", gab meine Kollegin ihm das Kommando. Die Scheinwerfer blitzten genauso wie seine Zahnleiste, Musik gab den Rhythmus, die Gäste klatschten im Takt, wir geleiteten unseren Sicherheitsoffizier auf seine Position auf der Bühne. Plötzlich hörte man lautes Gelächter und ein Raunen ging durch das Publikum. Einige Zuschauer zeigten mit dem Finger auf die Bühne, andere lagen fast am Boden vor Lachen. Unser Sicherheitsoffizier stand eine Zeit lang stolz wie Oskar auf der Bühne, sein eingemeißeltes Grinsen zeigte immer noch die weißen Beißerchen. Er freute sich sichtlich über das Gejubel und Gejohle der Gäste. Bis er merkte, was eigentlich los war: Sein Hosenstall stand sperrangelweit offen und sein weißes Hemd hatte sich durch den offenen Schlitz einen Weg nach draußen gebahnt. Durch das Loch kräuselte sich nun ein beachtlicher Zipfel des weißen Offiziershemds. Auch meine Kollegin und ich mussten noch beim Verlassen der Bühne kichern wie die Schulmädchen. Krampfhaft versuchte unser Sascha-Hehn-Verschnitt das Ding zu schließen, hüpfte dabei wild herum. Der Kapitän schaute entsetzt zu, bis nach einer gefühlten Ewigkeit der Hosenstall endlich wieder vakuumdicht verschlossen war. Ziemlich zerknirscht schaute er nun drein, unser Sicherheitsoffizier. Wie peinlich! Und nun stand er genauso da wie die anderen: Mit schweißdurchtränktem Hemd und Schweißperlen auf der Stirn.

Ein anderes Mal musste einer unserer Ärzte mit auf die Bühne. Er war schon ziemlich alt und hatte, so schien es, ein lahmes Bein. Zumindest zog er es immer hinter sich her. Als der Captain ihn über das Mikrofon auf die Bühne bat, schaffte er es kaum die kleinen Treppenstufen zu überwinden. Doch plötzlich stand er kerzengerade in einer Reihe mit den übrigen Offizieren vor dem großen roten Samtvorhang, der sich im Rhythmus der Meeresbewegung hin und her bewegte. Der Captain erzählte, sprach über die Route, über Erlebnisse auf See und ein paar Highlights der Reise. Auf einmal konnte unser Arzt sich bei dem gleichmäßigen Geschaukel nicht mehr auf seinen Beinen halten. Er stürzte mit einer aufkommenden Welle rückwärts in den roten Samtvorhang, fing sich aber schnell wieder und kam mit der nächsten Vorwärtswelle und dem Druck des schweren Vorhangs wieder auf seiner vorgesehenen Stelle zum Stehen. Nur um direkt wieder nach hinten zu fallen. Er pendelte sich ein wie ein Stehaufmännchen. Unser Captain bekam von alledem natürlich nichts mit, er stand ja mit dem Gesicht zum Publikum. Doch nach einigem Gependle des Arztes konnte auch der Captain die immer größer werdende Unruhe im Publikum nicht mehr ignorieren. Vier Damen in der ersten Reihe litten mittlerweile unter einem regelrechten Lachflash und konnten nicht mehr aufhören zu gackern. „Was ist denn da los?", fragte der Captain amüsiert. „Gibt´s wohl was zum Lachen für die Damen hier vorn in der ersten Reihe?" Er wollte weiterreden, doch das Quartett wurde immer wieder von so kräftigen Lachanfällen geschüttelt, dass bald der Rest des Publikums mit einstieg. Das verunsicherte unseren Captain zusehends. Er drehte sich um und schaute in die Reihe seiner Offiziere. Doch keiner von ihnen verzog auch nur eine Miene. Nicht mal der Arzt, der so tat, als wäre nichts passiert.

Zum Glück stand ich nur am Bühnenrand, denn ich schüttelte mich bereits vor Lachen. Nach der Offiziersvorstellung folgte noch eine Musik-Show, doch die eigentliche Show hatte gerade unfreiwillig stattgefunden. Die Damen in der ersten Reihe bekamen zwischendurch immer wieder kleinere Lachanfälle. Ich glaube, sie hatten den lustigsten Abend ihrer Reise.

CREW AUF ABWEGEN

Am nächsten Morgen haben Thomas und ich erst mal keine fixen Termine, also beschließen wir kurzfristig einfach mal an Land zu gehen. Wir sind auf Sardinien und schon um 8:30 Uhr locken uns hochsommerliche Temperaturen vom Schiff. An der Straße um die Ecke gibt es jede Menge Cafés und auch eine nette Promenade. Wir haben noch einiges zu besprechen, doch das können wir ja auch dort in der Sonne tun.

Auf dem Weg zum Café wirkt Thomas sichtlich erleichtert. „Ehrlich gesagt, habe ich mich schon gefragt, ob ihr als Crew überhaupt die Zeit habt, auch mal an Land zu gehen. Man kommt so viel herum, hat aber auch so viel zu tun. Wie machst du das denn?" „Klar, gehen wir auch an Land. Das muss man auch", antworte ich ihm. „Ansonsten bekommt man nach einiger Zeit einen Schiffskoller. Und außerdem wäre es ziemlich doof, wenn man monatelang tagein, tagaus rackert und dann nichts sieht von all den schönen Ecken auf der Welt. Wir wollen ja schließlich auch etwas erleben!"

Allerdings kommt es dabei manchmal ganz anders, als man denkt. Eines wunderschönen Tages, früh morgens an der Pier von Jamaika festgemacht, beschloss unser Kapitän, sich einen gemütlichen Nachmittag am Strand zu gönnen. Die karibischen Klänge der Steel-Drum-Band, die zur Begrüßung der Gäste an der Gangway gespielt hatte, noch in den Ohren, machte er sich auf den Weg. Selbstverständlich durfte der Blick auf seinen Dampfer vom Strand aus nicht fehlen. Es könnte ja sein, dass die Crew sich seine Abwesenheit an Bord zu Nutze machte, und irgendeinen Schabernack anstellte. Das musste natürlich schnellstens unterbunden werden. So blieb er in Sichtweite.

Auch meine Wenigkeit hatte an diesem Tag die gleiche Idee, nämlich ein bisschen am Strand herumzuhängen und eine Runde schwimmen zu gehen. Als ich mich gerade so richtig schön in der

Sonne aalte und kurz vorm Eindösen war, hörte ich plötzlich eine Stimme von hinten. „Aha, sie sind olso och hier am Beach, wie brogtisch!", freute sich unser Kapitän auf sächsisch. „Dann gönnen Sie mir bästömmt ma den Rücken eingrämen, älleinis ein bischen blöööööde." „Aber klar doch, einmal umdrehen bitte, Herr Kapitän." Mensch Meier, ich bin aber auch die Hilfsbereitschaft in Person! Und schon glibberte ich die schmierige Sonnencreme mit lautem Klatscher auf seinen Rücken. „Oh jo, donge donge. Soll ich Sie vielleicht och eingräm?", sächselte unser Kapitän fröhlich weiter. Eine fettige Spur Sonnencreme glänzte noch auf seinem Rücken. Mann oh Mann, da hatte ich wohl ein bisschen viel genommen von dem guten Zeugs! „Danke, geht schon. Ich hatte Unterricht bei unserem Artisten und kann mich so verrenken, dass ich selbst überall drankomme", antwortete ich schnell. „No donn, schön Tach die Dome hier om Beach!"

Die große Sonnenbrille im Gesicht, räkelte er sich auf seinem Badetuch und las ein Buch. Ich schlummerte endlich ein bisschen ein. Irgendwann war es so heiß, dass ich unbedingt ein Bad brauchte. Nach ein paar Schwimmzügen hörte ich dann wieder diese Stimme hinter mir: „Ooooooooh, tot das gooot! Is das schön hier im Wossa, in der Sonne hölt man's

59

jo gäine fönf Minuten os." Der Kapitän paddelte gleich neben mir, tauchte ab und wieder auf, strampelte herum und freute sich dabei wie ein kleiner Junge. Ich grinste mir einen und bestätigte mit einem Kopfnicken.

Unsere Blicke schweiften auf das Wasser und damit auch in Richtung Schiff. Doch was war das? Ein kleines Boot näherte sich aus der Ferne und kam langsam auf uns zu. Nichts Ungewöhnliches, dachte ich. Doch der Kapitän neben mir kniff die Augen zusammen und murmelte verdattert: „Nanö, wos is denn do lös? Seh isch dos röchtöch oder bin ich zu blöde?" Dos is doch...dos is doch...dos glöb ich jetzt nid, eines unserer Rescue-Boote! Warom fährt denn do mit eener rom?" Die Augenschlitze des Kapitäns wurden immer kleiner, angestrengt schaute er und versuchte, jemanden zu erkennen, bis er seine Augen ganz weit aufriss.

„Nun ja, das scheinen wohl Ihre Leute zu sein, Herr Kapitän. Die sind wohl grad wie Sie auf Ausflug." Ich musste mir ein fettes Grinsen verkneifen. „Das glöb ich einfach nisch!", rief er lauthals über den Strand, völlig aufgeregt. „No dönen werd ich Beine mochen, den Jungs! Die können doch nicht einfach so das Rescue-Boot klormochen ohne meine Anweisung, dos gibt´s wohl nicht!" Die ersten Gäste, die sich auch am Strand aufhielten, guckten schon verwirrt in unsere Richtung. Das Rescue-Boot ist übrigens das Rettungsboot, welches im Ernstfall bei einem „Person über Bord"-Manöver benutzt wird. Es gibt nur wenige Sitzplätze in diesem Boot, dafür ist es umso schneller unterwegs.

Das Rescue-Boot kam immer näher zum Strand und drin saßen, teilweise noch im schmuddeligen Arbeitsoverall, ein paar Kollegen von der Brücke und aus der Maschine. Am Steg nebenan angekommen, machten sie das Boot fest, schälten sich lustig lachend aus ihren klebrigen Uniformen und hüpften erst mal mit einem lauten Platsch ins Wasser. Nicht ahnend natürlich, dass der Kapitän schon unterwegs zu ihnen war. Sein sonnenverbrannter Kopf (den hatte ich nämlich nicht eingecremt) verfärbte sich langsam dunkellila. „Jötzt reischt´s!", kochte er und stampfte im gestreiften Badehöschen über den Strand Richtung Steg. Immer noch schauten verwirrte Gäste dem wütenden Kapitän hinterher.

Ich amüsierte mich köstlich. Kaum war der Kapitän am Steg angekommen, wurde auch schon wild gestikuliert. Die Jungs erhielten ihren vorsehbaren Anschiss und machten sich dann wieder auf den Weg in Richtung Schiff, mit dem Rescue-Boot versteht sich. „So, denen hob ich jetzt abba mo Beine gemacht. Entschuldigen Sie mich, abba ich muss zuröck an Bord, Sie verstähen", entschuldigte er sich zuvorkommend bei mir und packte seine Sachen zusammen. Schade, das war´s dann wohl mit dem Ausflug des Kapitäns – und mit dem der Jungs.

Aber nicht alle Geschichten, in denen der Kapitän das letzte Wort hat, enden so. Es geht auch anders ...

EIN KAPITÄN UND SEINE BANANE

Wir schipperten vor ein paar Jahren in der Karibik umher. Jeden Tag Sonne, kristallklares Wasser, von Palmen gesäumte Strände und gute Musik – was will man mehr, außer vielleicht eine kleine Abkühlung im Meer. Und dafür sorgte diesmal doch glatt der Kapitän höchstpersönlich.

„Guten Morgen, die Kollegen Besatzung!", schallte es eines Morgens über die Lautsprecheranlage durch den gesamten Crew-Bereich. „Zieht die Badehosen und Bikinis an, Luke drei steuerbord ist jetzt zum Aussteigen geöffnet. Mein Freund Louis wartet schon mit seinem rasanten Motorboot und seiner Gummi-Banane auf euch. Aufstieg auf die Banane nur über steuerbord, Luke drei. Das wird ein Spaß! Ich wünsche euch allen viel Vergnügen! Euer Kapitän."

Wie war das? War das jetzt etwa sein Ernst? Der Kapitän hatte tatsächlich ein Motorboot mitsamt Fahrer und Banane für uns klargemacht. So was gab´s noch nie! Schon rannte die Crew wie die Ameisen über die Gänge, jeder wollte der Erste an Luke drei steuerbord sein, um auf der Banane aufzusitzen. Alle packten ihre Badesachen und nach kurzer Zeit bildete sich auch schon eine lange Schlange lustig gackernder Crewmitglieder, die sich selbst nur allzu gern davon überzeugen wollten, ob der Kapitän auch tatsächlich die Wahrheit erzählt hatte.

„Alles zum Aufsteigen bereit, die erste Fahrt kann losgehen!", posaunte der Kapitän erneut, aber diesmal nicht etwa über die Lautsprecheranlage, sondern direkt aus dem Motorboot. Und zwar vom Steuer. Neben ihm jemand ziemlich Braungebranntes. Das musste sein guter Kumpel Louis sein. „Oh, oh, Captain is driving. Have fun!", sagte er nur und schwupps sauste auch schon die erste Bananenfahrt raus ins Hafenbecken. Die Kollegen auf der hin und her hüpfenden Gummi-Banane schrien und grölten, angefeuert von den winkenden, schreienden, pfeifenden und lachenden Kollegen in Badehöschen und Bikini an Luke drei. Und natürlich ließ es sich der Kapitän nicht nehmen, so scharfe Kurven zu fahren, dass die Banane alle darauf Sitzenden schreiend ins Wasser warf. Die Luke war mittlerweile rappelvoll mit Crew. Jeder wollte einmal mitfahren, wenn der Kapitän die Banane zog. Louis grinste den ganzen Tag. Er war ausgebucht und machte sicherlich ein sehr gutes Geschäft.

„Das waren noch Zeiten!", sinniere ich wehmütig und Thomas nickt versonnen. Wahrscheinlich wünscht er sich gerade, schon viel früher ein Seemann geworden zu sein. Heutzutage ist so eine Spaßveranstaltung auf dem vom Kapitän höchstpersönlich gesteuerten Bananenboot leider ganz undenkbar. Sicherheit geht vor.

AUSFLUG BUCHEN WIRD ÜBERBEWERTET

Thomas und ich machen uns auf den Rückweg zum Schiff. Der kurze Landgang hat gutgetan, es ist immer noch Vormittag und noch genügend Zeit für anfallende Arbeiten. Zurück an Bord kommt uns ein ganzer Pulk Ausflugsgäste entgegen, die alle das gleiche Ziel zu haben scheinen: die Busse an der Pier. „Ach du je!", wundert sich Thomas, „Wo kommen die denn alle her?" „Das sind unsere Ausflügler, die heute alle an die Costa Smeralda wollen," kläre ich ihn auf. „Meine Güte, sieht aus wie eine Massenflucht!" Thomas ist sichtbar geschockt. „Stimmt", lache ich. „Allein das vorbereitende Treffen zu so einem Ausflug kann auf einem Kreuzfahrtschiff zum Abenteuer werden!"

Zunächst trifft man sich mit circa 120 Mitausflüglern und den Tourbegleitern in ihren schreiend auffälligen Polohemden irgendwo tief im Schiffsinneren. Alle Gäste zeigen ihr Ticket und werden auf einer Liste abgehakt, um danach wieder in alle Himmelsrichtungen zu verschwinden. So weit, so unübersichtlich. Irgendwie gelingt es dann doch immer, den Hühnerhaufen pünktlich einzusammeln. Sind alle Teilnehmer anwesend, geht es los.

120 Ausflügler folgen dem Polohemd mit der hochgehaltenen Mappe ins Treppenhaus. Hier stoßen sie auf 50 weitere Ausflügler inklusive Reiseleiter, die gerade aus der Bar aufbrechen, 30 Ausflügler, die sich an der Rezeption getroffen haben und eine unübersichtliche Ausflugsgruppe aus dem Theater. Viele weitere Polohemden, weitere hochgehal-

tene Schilder. Durcheinander wuselnd wie eine Ameisen-Armee machen sie sich auf den Weg zur Gangway. Überlebenswichtig ist, dass jeder sich zu Beginn der Odyssee gemerkt hat, wer der zuständige Tourguide für einen war. Nur ihm und seinem Schild mit der Ausflugsnummer darf man folgen. Unter allen Umständen sollte man ihn im Auge behalten. Grüßende oder schimpfende Gäste sind zu ignorieren. Wer glaubt, seinen Namen gehört zu haben, folgt trotzdem weiter seinem Ausflugsschild. Der Rufende wird einen schon einholen oder beim Abendessen erzählen, was es Wichtiges gegeben hatte. Wartende, Rennende und am Boden Liegende sind ebenfalls nicht zu beachten. Ansonsten kann es allzu schnell passieren, dass man es zwar endlich über die Gangway geschafft hat und in der heißen Sonne an der Pier auf festem Boden steht, die Dame, die Ihr Ausflugsschild hält, plötzlich aber lange brünette Haare anstatt kurze blonde hat und der Ausflug „Wandern und Aussicht" statt „Seilbahn und Marktausflug" heißt. Pech! Dann kann man Ihnen keiner mehr helfen.

Mein Tipp: Auf kleinen Inseln wie zum Beispiel Santorin braucht man gar keinen Ausflug zu buchen. Hier empfiehlt sich das Entdecken „auf eigene Faust". Im Schnitt landen hier pro Tag acht

Kreuzfahrtschiffe. Kleine Eselchen schleppen in den frühen Morgenstunden geschätzte 16.000 Menschen die steilen Hänge hinauf zu den Souvenirläden der 17.000 Einwohner-Insel. Die Geschäfte werden leergekauft und rund 8.000 Kilo Gyros mit Pommes verspeist, bevor die kleinen Esel oder – dem Tierschutz zuliebe – die Seilbahn die Kreuzfahrer wieder runter zum Hafen bringt. Mit kleinen Tenderbooten werden die Passagiere wieder auf ihre Schiffe verteilt. Dass die Insel gegen Mittag überhaupt noch schwimmt, grenzt an ein Wunder! Man munkelt jedoch, dass sie jeden Abend, wenn die Menschen wieder im Bordrestaurant sitzen und ihre Tüten voller Souvenirs, gesammelter Steine und Klippenabbrüchen vergleichen, einen halben Meter weiter aus dem Wasser ragt als während der Invasion.

Andernorts wiederum empfiehlt sich eine begleitete Tour. Nicht, dass lebensgefährliche Orte angefahren werden, doch ist nicht jedes Reiseziel sicher wie Abrahams Schoß. Dieser gute Rat mag teuer sein, aber ihn zu ignorieren kann schnell noch teurer werden. In Städten wie Neapel und Ländern wie der Karibik, warnen wir jedes Mal ausführlich vor Tricksern, Betrügern und Taschendieben. Wertsachen an Bord lassen, Bargeld nah am Körper tragen und im Allgemeinen bloß nicht als „reicher Tourist" auftreten. In der Regel sind die Gäste dankbar für diese Hinweise und lassen die protzige Rolex-Kopie im Kabinensafe.

Anders jedoch ein schier unbelehrbares Ehepaar auf einer Reise in Südamerika: Ich stand nichts ahnend an der Pier, als die beiden zu mir kamen und mir stolz erzählten, dass sie nun gleich an Land gingen. „Welchen Ausflug haben Sie denn gebucht? Die Busrundfahrt oder die Bootstour?", versuchte ich etwas Smalltalk. „Ausflug?", ächzte da der elegant gekleidete Ehemann. „Nix da, wir lassen uns doch nicht das Geld aus der Tasche ziehen! Die Highlights sind ja alle in der Ausflugsbroschüre aufgelistet. Wir schnappen uns ein Taxi und los geht's!" „Sind Sie sicher?", fragte ich vorsichtig. „Ein geführter Ausflug ist doch um einiges sicherer. Unsere Reiseleiter wissen ganz genau, wo man hingehen kann und welche Ecken lieber gemieden werden sollten. Und die Busfahrer kennen wir auch. Für den Taxifahrer würde ich nicht meine Hand ins Feuer legen ..." „Papperlapapp", tönte der Herr. Wir wissen, was wir tun." Seine Frau nickte energisch hinter ihrer Gucci-Sonnenbrille. „Genau!"

Die Sorte kenne ich. Zwei Unbelehrbare. Ich versuchte noch, den beiden wenigstens noch den guten Rat mitzugeben, ihre offensichtlich teuren Accessoires lieber an Bord zu lassen,. Zwecklos. Sie schoben sich bereits an mir vorbei Richtung Gangway. „Unangenehme Zeitgenossen", dachte ich, schickte innerlich aber dennoch ein Stoßgebet zum Himmel, dass alles gut ging. Am Abend hörte ich schon von Weitem den Aufstand an der Rezeption: Ich musste gar nicht näher hingehen, um zu erkennen, wer sich dort beschwerte. „Komplett ausgeraubt", hörte ich den Mann poltern, immer wieder unterbrochen von lauten Schluchzern seiner Frau. „Bedroht haben sie uns!" „Rufen Sie die Polizei!" „Alles weg". „Oh je", dachte ich, „die arme Rezeptionistin!" Und irgendwie auch die armen Leute. Befangen von einer Mischung aus Schadenfreude und Mitgefühl drehte ich auf dem Absatz um und schlich von Dannen. Ein schlaues „Ich hab's ja gesagt" hätte jetzt gerade niemandem weitergeholfen.

PÜNKTLICHKEIT ODER:
DIE MUTTER DER SCHIFFFAHRT

Thomas und ich kommen mit unserer Arbeit gut voran, bis abends das Schiff den Hafen verlässt. „Ich möchte mir sooo gern das Auslaufen ansehen", seufzt Thomas. „Dann mach das doch und wir treffen uns in einer Stunde wieder", schmunzle ich gönnerhaft. Wenn man vorher noch nie auf einem Kreuzfahrtschiff war, ist das Auslaufen wirklich etwas ganz Besonderes. „Thomas!", rufe ich ihm schnell hinterher. „Bitte von der Reling aus gucken und nicht von der Pier!" „Das weiß ich doch, keine Sorge!", kontert er lachend. Glauben Sie mir, da habe ich schon ganz andere Stories erlebt!

Wir, die Crew, müssen vor allen Gästen, eine Stunde vor Ablegen des Schiffes wieder an Bord sein. Unsere Gäste dürfen den Landgang bis genau dreißig Minuten vor Ablegen genießen. Leider lockt jeder Hafen mit unendlichen Reizen und so hat der eine oder andere Gast so schon mal die Zeit aus den Augen verloren. Ich erinnere mich noch zu gut an eine Situation auf den Kanaren: Schon längst war der Zeitpunkt für „Alle Mann an Bord" überschritten und ich wartete ungeduldig in meinem Büro auf die typische Auslaufmusik – mein Startzeichen, um mich auf den Weg in Richtung Pooldeck zu machen. Plötzlich wurde es unruhig hinter der Rezeption. Schnelle Schritte, lautes Gemurmel. Durchsage, zunächst von der Rezeption, 15 Minuten später vom Kapitän persönlich: „Unsere Rezeption hat mir gemeldet, dass offenbar noch zwei Gäste fehlen. Das Ehepaar Heinrich und Gabi Lüdow von Kabine 7642 – bitte melden Sie sich umgehend an der Rezeption!" Oha, DAS gibt Ärger!

Ich ging über den Flur nach draußen. Unterwegs begegnete mir unsere Reiseleiterin mit alles andere als fröhlicher Miene. „Was ist denn los?", fragte ich. „Die Gäste sind nicht an Bord und auch nicht telefonisch zu erreichen. Ich gehe schon mal deren Koffer packen."

Au weia! Schaffen es Gäste nicht pünktlich an Bord, wartet das Schiff – je nach Kapitän und Hafen – noch einen kleinen Moment. Allerdings ist im Hafen Zeit im wahrsten Sinne des Wortes Geld. Länger liegen kostet mehr. Nach Ablauf der Kulanzfrist finden säumige Gäste nicht mehr das traumhafte Kreuzfahrtschiff, sondern nur noch ihre gepackten Koffer an der Pier.

Ich trat nach draußen. An der Reling hatten sich über die gesamte Länge des Schiffes Passagiere versammelt, die suchend in die Ferne blickten. Werden unsere zwei Vermissten es noch rechtzeitig schaffen? Die Stimmung auf der Brücke war mit Sicherheit mittlerweile nicht mehr wirklich entspannt, die Gangway war bereits eingeholt. Plötzlich schoss ein Taxi hupend und mit aufblinkenden Scheinwerfern an die Pier. Etwa 200 Meter vor dem Schiff musste es anhalten. Heraus sprangen zwei Personen. Beladen mit Einkaufstüten sprinteten Heinrich und Gabi Lüdow, so schnell es ihre Flipflops zuließen, die letzten 200 Meter zum Schiff. Begleitet vom Applaus und Gejohle der versammelten Passagiere auf allen Balkonen und an der Reling. Unten im Schiff wurde die Behelfs-Gangway schnell wieder ausgefahren und so ging es für die beiden Zuspätkommer unter dem frenetischen Jubel aller Beobachter über Deck 3, durch die Laderäume, zurück an Bord. „Meine Damen und Herren", meldete sich noch einmal der Kapitän mit sarkastischem Unterton, „es ist mir ein Fest, Ihnen mitteilen zu dürfen, dass wir nun endlich komplett und bereit zum Ablegen sind. Ich wünsche Ihnen einen schönen Abend an Bord. Und wir wissen ja nun alle, wer heute Abend den Champagner zahlt."

Als Thomas nach einer Stunde wieder im Büro auftaucht, flippt er fast aus vor Begeisterung: „Das war toll", schwärmt er. „Der Sonnenuntergang, die Musik, einfach nur gigantisch!" „Hauptsache, du bist hier bei uns an Bord!" schmunzle ich. Übrigens wird auch erzählt, dass es schon verspätete Gäste gab, die allen Ernstes versucht haben sollen, hinter dem Schiff her zu schwimmen, nachdem es bereits abgelegt hatte.

ERTRINKEN FÜR FORTGESCHRITTENE

Auf Gran Canaria liegen wir jede Woche mit unserem Schiff neben einem wunderschönen alten Großsegler an derselben Pier. Auf diesem werden auch heute noch ganz traditionell Kadetten für die Seefahrt ausgebildet. Binnen kurzer Zeit entstand eine echte Freundschaft zwischen der Stammbesatzung und mir. Getrieben von meiner natürlichen Neugierde, wollte ich immer schon einmal so ein tolles, altes Schiff aus nächster Nähe bestaunen. Nach einiger Schmeichelei meinerseits erlaubte Segler-Besatzung die Besichtigungstour nur zu gern. Der Deal: Als Dankeschön durften sich die Kollegen vom Großsegler bei uns am Buffet mal so richtig den Bauch vollschlagen. Als sich bei uns an Bord innerhalb der Crew herumgesprochen hatte, dass man das schöne Schiff besichtigen durfte, überrannten mich meine Kollegen sofort mit Anfragen. Jeder wollte mit. Also organisierte ich kurz darauf regelrechte Besichtigungstouren einmal pro Woche für vier bis fünf Crewmitglieder.

Auch diese Woche war es mal wieder einmal so weit und ein kleiner Trupp machte sich mit mir auf den Weg nach nebenan, um den Jungs an Bord einen Besuch abzustatten. „Hallo! Da bin ich wieder. Hab gleich noch Besuch mitgebracht", begrüßte ich die Jungs. Draußen an Deck begann der Rundgang über das Schiff. Währenddessen hatten sich auch schon einige Gäste von unserem Kreuzfahrtschiff eingefunden, die den schönen Großsegler ebenfalls entdeckt hatten und Fotos von der Pier aus schossen. Was für ein Motiv! Einer unserer Gäste, bewaffnet mit einer großen Kamera, Rucksack und Mütze, schien nicht genug zu bekommen und knipste ein Bild nach dem nächsten. Dabei folgte ihm seine Frau auf Schritt und Tritt. Immer näher kam er an uns heran. Wir kümmerten uns nicht weiter darum, schließlich war er nicht der erste Fotograf, der sich in das Motiv verliebt hatte. Plötzlich gab es auf einmal einen lauten Platscher. Wir schauten erschrocken zur Pier, wo gerade noch der Mann mit Kamera, Rucksack und Mütze stand. Er war weg! Allein seine Frau stand erschrocken und völlig aufgelöst da. Er war doch tatsächlich auf der Suche nach dem perfekten Winkel zwischen Pier und Schiff ins Wasser gefallen. „Mein Mann ertrinkt! Mein Mann ertrinkt!", rief seine Frau total aus dem Häuschen. „Mann über Bord, Mann über Bord!", schrie einer meiner Kollegen hinterher. „Aber er ist doch über die Pier gefallen! Mann über Pier müsste es doch eigentlich heißen", dachte ich mir. Ich verkniff mir aber lieber die Besserwisserei.

Schnell hatten die Jungs vom Großsegler eine Strickleiter hervorgezaubert, die wir nun die Schiffswand hinunter ins Hafenbecken ließen. Zwischenzeitlich tauchte der Mann wieder auf, prustend und völlig fertig. Die Kamera hielt er noch immer in den Händen.

„Halten Sie sich an der Leiter fest!", riefen wir ihm zu.

„Was? Wo?", hustete und prustete der fast Ertrunkene und griff nach der Leiter. „Ziehen Sie sich hoch, zumindest ein Stück, damit wir Sie da rausbekommen!", riefen wir ihm zu. Der Abstand zwischen Schiff und Mann war doch recht groß, sodass wir ihn mit bloßen Händen nicht erreichen konnten. „Klettern Sie die Leiter hoch, es ist eine Strickleiter mit Stufen!", versuchten wir ihm weitere Anweisung zu geben. Doch er fand keinen Halt an den Seilen, weil er noch immer seine Kamera festhielt, als wäre sie an seine Hände getackert. „Ich kann nicht! Ich habe keine Kraft mehr!", rief er verzweifelt zurück.

Irgendwann schaffte er es dann doch seinen Arm um die unterste Stufe der Leiter zu wickeln. „Bleiben Sie, wo Sie sind und halten Sie sich gut fest!", riefen wir ihm zu. Auf drei zogen wir gemeinsam die Leiter und damit den fast Ertrunkenen mitsamt seiner Kamera und seinem Rucksack auf dem Rücken auf das Deck des Großseglers. Seine Frau hatte sich zwischenzeitlich entsetzt abgewendet, entweder weil sie ihren Mann bereits aufgegeben hatte oder weil sie schlicht nervlich nicht imstande war der Rettungsaktion weiter beizuwohnen. Als sie dann das Keuchen ihres Mannes hörte, lugte sie erleichtert zu sein wieder über die Reling. Sie wühlte in ihrer Tasche herum und förderte, welche Freude, eine kleine Kamera zutage. Nun begann SIE wie wild zu fotografieren – es musste ja schließlich alles fleißig festgehalten werden, auch diese Rettungsaktion.

Nach einem gewaltigen Kraftakt lag der triefend nasse Mann schließlich auf Deck des Großseglers. „Vielen Dank! Ihr habt mir das Leben gerettet!", bedankte er sich. Zitternd wühlte er in seiner hinteren Hosentasche herum, zückte sein prall gefülltes Portemonnaie und hielt seinen Rettern ein ganzes Bündel nasser Geldscheine entgegen. „Das war doch selbstverständlich!" wehrten die Kadetten ab. „Bitte behalten Sie das Geld und gehen Sie erst mal ins Bordhospital auf ihrem Kreuzfahrtschiff. Lassen Sie sich untersuchen, Sie haben bestimmt eine Menge Wasser geschluckt!"

Ich begleitete meinen Passagier zurück zur Pier. „Halt! Dort vorn schwimmt noch meine Mütze!", schrie der Mann und rannte abrupt los, wieder in Richtung Hafenbecken. Ich konnte es nicht glauben! Gleich würde er glatt wieder ins Wasser springen. Für eine fünf Euro Mütze! Die schwamm fröhlich auf den kleinen Wellen wippend am Großsegler vorbei. „Halt!", befahl ich. „Ein zweites Mal holen wir Sie nicht raus!" Doch der Mann war nicht zu stoppen. Erst als sich ihm zwei Crewmitglieder in den Weg stellten und ihn festhielten, schien ein erneutes Beinah-Ertrinken abgewendet. Zwei weitere Kollegen erwischten zeitgleich die Mütze per Bootshaken und holten sie an Deck. Fassungslos standen wir noch einige Zeit da und schauten dem Mann und seiner Frau wortlos hinterher. So viel Opferbereitschaft für Fotografie und billige Kopfbedeckungen hatten wir in all den Jahren noch nicht erlebt.

Am Abend, zurück an Bord des Kreuzfahrtschiffes, fragte ich vorsichtshalber im Hospital nach, ob sich der Gast zur Untersuchung gemeldet hatte. Fehlanzeige, ein Fast-Ertrunkener hatte sich dort nicht blicken lassen. Dafür fand ich aber heraus, dass sich unser Gast zusammen mit seiner Frau in unserem A-la-carte-Restaurant ein 11-Gang Menü gegönnt hatte. Ob die beiden dort seine Rettung feierten oder das Wasser im Hafenbecken einfach appetitanregend war, weiß bis heute niemand.

TUMULT IM THEATER

Der Hunger meldet sich und Thomas und ich gehen zum Abendessen. Nachdem wir uns gestärkt haben, geht es direkt ins Bord-Theater. Heute wird meine Lieblingsshow gespielt – tolle Lieder, sehr aufwändige Kostüme und eine waghalsige Akrobatik-Nummer. Nach der Show ist Thomas hin und weg. „Was hier alles geboten wird, ist echt unglaublich. Auf so wenig Platz ein so gigantisches Unterhaltungsangebot! Der Wahnsinn! " Er ist völlig aus dem Häuschen. „Läuft das immer alles so reibungslos ab wie jetzt? Oder gibt´s auch manchmal Probleme während der Shows?" „Probleme kann es schon geben, besonders technische treten immer wieder auf", antworte ich. „Aber dafür haben wir ja Fachmänner an Bord, die sich sofort kümmern. Schlimmer wird es, wenn unsere Gäste im Publikum zum Problem werden".

Genau das war uns einmal mit einem Familienvater und seinen fünf Kindern passiert: Die Kleinen tobten fünf Minuten vor Showbeginn durchs Theater, fegten im Sekundentakt über die Showbühne und spielten lustig Fangen. Jeder Gast an Bord wusste, dass dies nicht nur streng verboten war, sondern im Ernstfall auch richtig gefährlich werden konnte. Nämlich genau dann, wenn zum Beispiel eine der graziösen Tänzerinnen mit ihren langen Beinen ausholte und einem der herumtollenden Kinder versehentlich die Hacke in den Kiefer rammte. Der Vater hätte vermutlich alles abgestritten, jegliche Schuld von sich gewiesen und wahrscheinlich versucht, die Showtruppe oder die Besatzung für das Dilemma verantwortlich zu machen. Um genau diesen Fall zu vermeiden, wurde der Vater vom zuständigen Chef des Theaters gebeten, die Rennerei der Kinder zu unterbinden, da in wenigen Augenblicken der Vorhang aufgehe und die Show beginne. „Ja, ja, alles klar," brummelte der Vater. Was er damit wirklich sagen wollte, können Sie sich wahrscheinlich vorstellen ...

Und genau so kam es: Nur wenig später flitzte schon wieder eines seiner Kinder grinsend über das Parkett, führte vorne auf er Bühne noch einen kurzen „Hula-Tanz" auf und streckte dabei den übrigen Gästen im vollen Theater die Zunge raus. „Ich möchte Sie noch einmal freundlichst bitten, Ihre Kinder auf den Sitzplätzen zu halten", bat der zuständige Chef des Theaters erneut. „Ja, schon verstanden." Und erneut rannte eines der Kinder mitten auf den Catwalk, streckte sein Hinterteil dem Publikum entgegen und zog dabei doofe Fratzen. „Wenn Sie Ihre Kinder nicht auf den Sitzplätzen halten können, muss ich sie leider bitten, das Theater zu verlassen." Der Chef des Theaters wurde nun deutlicher, mittlerweile ziemlich genervt von der Ignoranz des Vaters. „Es ist gefährlich für Ihre Kinder und die Künstler auf der Bühne, wenn Ihre Kinder hier so herumspringen. Unter diesen Umständen kann die Show nicht starten." „Pah, Sie wollen mir und meinen Kindern also verbieten, hier zu bleiben? Ich habe viel Geld bezahlt für diese Reise und werde nicht gehen, sondern die Show angucken. Sie können mich mal!" Der Vater wurde ebenfalls sichtlich ärgerlich.

Die Uhr tickte, es war Zeit, die Show musste gestartet werden. Doch wieder raste in letzter Minute eines der Gören über die Bühne. „Wir können die Show nicht starten, wenn Ihre Kinder über die Bühne laufen, es ist einfach zu gefährlich." Nun wurde der Chef des Theaters richtig sauer. „Verlassen Sie bitte den Saal, damit die anderen Gäste die Show in Ruhe ansehen können. Und: Nehmen Sie ihre Kinder mit!" „Das ist mir scheißegal." Auch der Vater war nun völlig aus dem Häuschen. Ein Raunen ging schon durch die Ränge. Erste Buhrufe von den anderen Gästen, die nun endlich die Show sehen wollten, waren bereits zu hören. „Wenn Sie nicht augenblicklich gehen, werde ich das Sicherheitspersonal verständigen!" Bockig blieb der Vater sitzen und der Chef des Theaters machte sich auf den Weg zum nächsten Telefon.

Mittlerweile hatte sich der Showbeginn schon um zehn Minuten nach hinten verschoben. Die Gäste wurden immer unruhiger, immer noch waren vereinzelte Buhrufe zu hören, gerichtet an einen Vater mit fünf Kindern in der ersten Reihe. Jetzt hatten sie wirklich die Aufmerksamkeit, die sie sich so sehr gewünscht hatten.

Wie vom Theater-Chef angedroht, tauchte der Sicherheitsoffizier auf, ein untersetzter Mann mit breitem Kreuz, Goldkettchen und fiesem Blick. „Bitte verlassen Sie mitsamt ihren Kindern das Theater", befahl er. „Nein!" Der Vater holte aus und verpasste dem Sicherheitsoffizier ohne weitere Worte eine schallende Ohrfeige. Ein noch lauteres Raunen ging durch den Saal. Was für eine Show! Besser als jede graziöse Tänzerin! Die ersten Gäste verrenkten sich bereits auf den unteren Sitzreihen, um besser sehen zu können. Der Sicherheitsoffizier blieb jedoch völlig cool, schnappte sich den Arm des Vaters und hatte ihn nach einem flinken Dreh im Polizeigriff. So führte er ihn ab. Fünf plärrende Kinder folgten in Richtung Ausgang. Die Menge tobte. Der Störenfried mitsamt Anhang war besiegt!

Am nächsten Morgen stand ein Vater mit fünf, jetzt ganz zahmen Kindern und etwa zehn Koffern schweigend auf der Pier. So schnell kann eine Traumreise im Alptraum enden.

EINMAL BOXER IMMER BOXER

Ein weiteres Drama spielte sich an einem anderen Abend, aber ebenfalls im Theater ab. Ein Vater saß mit seinem 12-jährigen Sohn in Reihe drei, hinter den beiden eine ältere Dame, die den Vater in regelmäßigen Abständen mit ihrer Handtasche anstupste. Der Vater drehte sich irgendwann um: „Gnädige Frau, warum stupsen Sie mich die ganze Zeit an? Können Sie bitte damit aufhören?" „Die Plätze, auf denen Sie beide sitzen, sind für Freunde von mir und meinem Mann reserviert", antwortete die ältere Dame schnippisch. „Und Ihre „gnädige Frau" können sie sich gefälligst sparen! Jetzt weg mit Ihnen, Platz da!" „Ich kann leider kein Reservierungsschild sehen. Tut mir leid!", antwortete der Vater unbeeindruckt und drehte sich wieder nach vorne um.

Die Show hatte mittlerweile begonnen, da wurde der Vater wieder von hinten angetippt. Diesmal war es allerdings ihr Mann, der inzwischen aufgetaucht war. Der Vater hatte sich kaum umgedreht, als die Faust des alten Mannes ihn höchst professionell dreimal zwischen die Augen traf. Die Brille splitterte schon nach dem ersten Hieb nach hinten weg, der Vater fiel nach dem zweiten Hieb gegen

Mitreisende aus Reihe drei, beim dritten Hieb fing der Sohn an zu schreien wie am Spieß. Blut spritzte. War die Nase gebrochen? Das ganze Spektakel spielte sich wie die Zeitlupe eines alten Rocky-Filmes ab. Die ersten Gäste sprangen auf und rannten davon.

Schwer getroffen ballte der Vater seine Hand zu einer Faust. Und auch wenn er nicht mehr viel sah, kochte er so sehr vor Wut, dass er nicht anders konnte, als zurückzuschlagen. Wenn auch mit weniger Professionalität als der alte Mann. Ruck zuck flogen die Fetzen bei der Keilerei, alles ging drunter und drüber, die Show musste abrupt abgebrochen werden. Zuschauer verließen beängstigt den Ort des Geschehens, ein panisches Gewusel zwischen den Sitzreihen entstand. Erst durch das Eingreifen zweier Mitarbeiter konnten die beiden Kontrahenten voneinander getrennt und von den übrigen Gästen isoliert werden. Der Sicherheitsoffizier eilte sofort herbei, um den Fall zu klären. „Was ist hier los?", herrschte er die beiden Streithähne an. „Nichts", antwortete der Alte völlig gelassen. „Gar nichts. Also ich habe nichts gemacht", log er. Die Stimme des Vaters überschlug sich daraufhin: „Der hat mir voll eine rein gehauen!" Der Geprügelte war noch immer völlig fassungslos und außer sich.

„Gleich dreimal hintereinander!" Sein Junge stand in Tränen aufgelöst und völlig schockiert neben seinem Vater, der aus der Nase blutete und verwirrt durch die Gegend blinzelte. „Sie gehen nun erst mal ins Hospital und lassen sich behandeln, später werde ich sie dann separat befragen," wies ihn der Sicherheitsoffizier an. Er notierte sich Namen und Kabinennummer der beiden.

„Ich hab alles aufgenommen und Fotos gemacht!" Gleich mehrere Gäste stürmten auf mich zu. „Ich hab´ auch Fotos!" „Ich auch! Wenn ihr was davon braucht, könnt ihr mich auf Kabine 5332 erreichen." „Nein danke, wir haben unsere eigene Bord-Polizei, die sich darum kümmert. Und wie Sie sehen", erklärte ich und zeigte dabei mit dem Finger quer durch das Theater, „haben wir überall Kameras angebracht, die alles aufzeichnen."

Die Überwachungsvideos lieferten den kompletten Ablauf der „Schlacht", auf Wunsch auch in Zeitlupe, mit Rocky-Musik untermalt, in bester Qualität. Und natürlich war deutlich zu erkennen, wer als Erster zugeschlagen hatte. Eindeutig der alte Mann. Vermutlich war er in einem früheren Leben einmal Profi-Boxer gewesen. Alle waren schockiert über ein solch aggressives und sinnloses Verhalten.

Was wohl in so einem Menschen vorgehen mag? Ich weiß es jedenfalls nicht.

Am nächsten Morgen stand wieder ein Koffer auf der Pier, daneben ein ziemlich zerknirscht aussehender Mann. „Tschüss! Schatz, bis in einer Woche dann!", rief seine Frau ihm noch von der Reling aus hinterher.

„Das gibt´s doch gar nicht!", dachte ich. Die alte Dame mit der Handtasche winkte ihrem Mann zum Abschied noch zu. Ausgerechnet sie, die die ganze Attacke eigentlich eingefädelt hatte, war ihren Mann nun erst mal los. Die Kreditkarte musste er vermutlich an Bord lassen, um die Rechnung des verprügelten Vaters zu begleichen.

MÖWEN ANGELN

Es ist 7:50 Uhr. Wir haben in Salerno, Italien festgemacht. Ich treffe Thomas zum Frühstück in der Messe. Hier sitzen wir natürlich nicht allein, ein paar Kollegen sind auch schon da. Eine gute Gelegenheit, Crewmitglieder aus anderen Bereichen kennenzulernen und ein bisschen zu tratschen. Vom geschniegelten Hotelmanager, dem derben

Maschinisten, der dicken Hausdame bis hin zum Brückenoffizier – bei Marmeladenbrötchen und Filterkaffee sitzen alle zusammen. Wir haben noch nicht von unseren Brötchen abgebissen, da tauchen Sicherheitsoffizier Manuel und sein neuer Kollege Tim auf.

„Moin. Können wir uns zu euch pflanzen?", fragt Manuel. „Klar doch. Und Tach auch, herzlich willkommen bei uns an Bord", begrüße ich Tim. Immer, wenn ein Neuer auftaucht, dreht sich das Gespräch zunächst um dieselben Dinge: Wo kommst du her? Der wievielte Vertrag ist das? Wo warst du schon?

„Und wo kommst du her?", frage ich Tim, nachdem er Manuel und mich ausgequetscht hat. „Aus der Hauptstadt der Möwen, Rostock", antwortet Tim mit dem halben Brötchen zwischen den Zähnen. Tja, da kommen tatsächlich viele Seeleute her.

„Apropos, heute ist die Pier wieder so richtig vollgeschissen. Schon mal rausgeguckt? Alles voll. Blöde Viecher", sagt Manuel. „In manchen Häfen gibt es doch diese lustigen Lautsprechereinrichtungen", fällt mir da ein. „Auf den Dächern der Hafengebäude. Da wird der Schrei irgendeines ziemlich großen Vogels nachgeahmt. Hört sich echt fies an und man erschrickt auch im ersten Moment. Scheint aber zu helfen. Die Möwen bleiben weg, machen sich in die Hose vor Angst und nicht mehr auf die Pier. Und der Boden ringsum ist picobello sauber. So was sollte unbedingt standardisiert und in jedem Hafen eingeführt werden."

Tim fallen da ganz andere Methoden zur Möwenbekämpfung ein: „Sagt mal, kennt ihr eigentlich Möwenangeln?", fragt er uns mit großen Augen und legt dafür sogar eine Brötchenpause ein. „Nö. Noch nie gehört", antworten wir.

„Also. Dann erzähl´ich euch jetzt mal was: Wir von der Küste machen immer eins, wenn uns die Möwen so richtig auf den Keks gehen. Die scheißen nämlich nicht nur die Pier voll, sondern klauen auch gern mal dein Fischbrötchen aus der Hand oder dir den Fisch von der Angel. Deshalb gibt es bei uns das sogenannte ‚Möwenangeln'. Und das geht so: Man nimmt eine Angel, macht einen Köder dran, zum Beispiel ein kleines Stückchen Brot und dann wirft man die Schnur wie beim Fliegenfischen schön lang und hoch in die Luft. Und zack hat eine Möwe angebissen. Dann macht es Knack! Und das war´s dann. Kopf auf halb acht – Möwe tot." Mir vergeht gerade ein bisschen der Appetit.

„Also, jetzt bin ich dran!" Manuel zappelt schon ganz aufgeregt. Was kommt denn jetzt noch? „Als ich meine Ausbildung beim Sondereinsatzkommando der Bundeswehr absolviert habe, hatten wir einen Einsatz auf See auf irgendeinem Fischkutter. Das war im Winter auf der Nordsee, da könnt ihr euch vorstellen wie scheißkalt das war und wie wir Jungs uns da alle den Arsch abgefroren haben. Jedenfalls sind wir alle gemeinsam auf die Brücke zum Kapitän gegangen, denn das war immer noch der wärmste und windstillste Ort auf der ganzen Nordsee. Plötzlich kamen da zwei Möwen angeflogen. Eine von backbord, eine von steuerbord. Und die beiden setzten sich, wie in einem kitschigen Hollywood-Film, direkt vor uns auf das kleine Sims an der Außenscheibe der Brücke. In diesem Moment fühlte ich mich richtig gut, es war total schön, diese beiden Möwen anzusehen."

Manuel nimmt einen großen Schluck Kaffee, lehnt sich mit den Ellenbogen auf den Tisch und schaut uns reihum in die Augen. „Die Möwen sitzen also dort und turteln so herum. Komisch war nur, dass sie nach einer Stunde noch immer dort saßen und sich keinen Zentimeter von der Stelle bewegt hatten. Ich fing also an, mir ein wenig Sorgen um die beiden zu machen und ging nach draußen, um nachzusehen."

„Und dann? Was war denn los mit denen?" „Ich stellte fest, dass sie festgefroren waren", berichtet Manuel trocken. Oh wie schrecklich, denke ich mir. Die armen Tiere! Auch Tim und Thomas schauen mittlerweile mit offenem Mund, bei Thomas hängt sogar noch ein bisschen weichgekautes Brötchen im Kiefer. „Also ging ich zum Kapitän, um ihn um Hilfe zu bitten", fährt Manuel fort. „Herr Kapitän", sagte ich, „die Möwen sind festgefroren. Was sollen wir jetzt machen? Wir müssen sie befreien!" Der Kapitän antwortete: „Ey mien Jung, dat hammer gleich." Ich dachte, der Kapitän ginge los, um heißes Wasser zu holen, vielleicht sein Teewasser, um den armen Viechern die Füße weich zu kochen. Aber, was macht er?" Manuel hält inne. „Der Kapitän griff in seine Tasche, holte eine kleine Zange heraus und machte schnipp! schnapp! schnipp! schnapp! Insgesamt vier Mal. Die Möwen flogen davon. Die Füße stehen womöglich noch heute auf dem kleinen Sims an der Außenscheibe der Brücke dieses ollen, gammeligen Fischkutters." Jetzt bin ich endgültig bedient. „Will jemand mein Brötchen? Ich fühle mich nicht mehr so gut."

„Igitt, was für eine fiese Geschichte", schüttelt sich Thomas nach dem Frühstück. „Ja, davon gibt es hier einige", antworte ich. „Dann möchte ich ab sofort nur noch im Restaurant essen", fügt er ziemlich blass um die Nase hinzu. Als wir danach über das Pooldeck laufen, entdecken wir eine Möwe, die gerade im Begriff ist, von der Reling abzuheben, um in die Ferne zu fliegen. Ganz weit weg von diesem Ort. Wir sind uns in diesem Moment sicher, dass sie den schaurigen Geschichten gelauscht hatte und nun das Umfeld als nicht mehr möwenfreundlich einstufte.

ENGLISH FOR RUNAWAYS

Nach dem keinen Gang an die frische Luft haben Thomas und ich das Frühstück samt Schauergeschichten fast wieder verdaut. Wir sitzen im Büro und bereiten uns auf den weiteren Verlauf des Tages vor. Um elf Uhr ist heute Vormittag ein großes Meeting mit dem gesamten Entertainment-Team angesetzt. Das sind insgesamt 58 Mitarbeiter, bestehend aus Musikern, Tänzern, Gästebetreuern, Theatertechnikern und Kameraleuten. Bei einem solchen Meeting werden alle wichtigen Informationen weitergegeben, die die Reisen betreffen und die Mitarbeiter geschult. Nach dem Meeting ist also jeder up to date und weiß bestens Bescheid.

Wir treffen uns alle in der Crewbar und können sensationellerweise pünktlich beginnen. Weil das Team aus einem bunt zusammengewürfelten Haufen aus verschiedenen Herkunftsländern besteht, findet das Ganze auf Englisch statt. Das versteht jeder.

„Ich möchte nach dem Meeting gern was sagen", spricht mich Markus aufgeregt an. Markus ist ein total engagierter Kollege, auch bekannt unter dem Kosenamen „Kuschelbärchi". Er ist Lichttechniker, etwas kleiner als alle anderen, pummelig und hat immer dicke, rote, frische Pausbäckchen. Kuschelbärchi erzählt jedem pausenlos, was er gerade gemacht hat, an welchem Projekt er gerade arbeitet und welche neuen Ideen er schon wieder hat. Zudem hinterfragt er jedes noch so kleine Detail. Ein Mitarbeiter also, wie er im Buche steht und der seine Arbeit zu jeder Zeit in den Vordergrund stellt. In diesem Einsatz passieren ihm jedoch merkwürdige Dinge: Immer wieder fehlen ihm Verlängerungskabel, die aus seiner Werkstatt entwendet scheinen. Irgendwann tauchen die Dinger dann wieder wie von Zauberhand auf, aber das Kuschelbärchi ist dauernd damit beschäftigt, seine Kabel zu suchen oder Ersatz zu organisieren. Heute will er also unbedingt das Thema zur Sprache bringen.

Doch erst mal stelle ich Thomas vor. Ab nächster Reise wird er hier sitzen und das Meeting abhalten, während ich zu Hause sitze. Komische Vorstellung. Als die Besprechung beendet ist, schließe ich die Runde mit: „So, das war´s! That´s it. Kuschelbärchi, du bist dran, your turn."

Markus steht von seinem Platz auf und seine roten Pausbäckchen fangen an zu glühen. Er ist aufgeregt, das kann man ihm ansehen. Normalerweise muss er nicht vor so vielen Leuten reden und dann noch auf Englisch. Alle Augenpaare glotzen erwartungsvoll auf Kuschelbärchi. „Ja, also ...", beginnt er auf Deutsch. „Ich wollte euch nur darum bitten, die Verlängerungskabel aus meiner Werkstatt nicht einfach wegzunehmen, sondern mich vorher zu fragen. Natürlich nur, wenn ihr sie auch wegnehmt ... also, wenn ihr sie euch ausborgt. So, fertig!" Sichtlich erleichtert setzt er sich wieder hin. Seine purpurfarbenen Bäckchen wechseln wieder langsam ins Rötliche.

„Buuuuuh, Buuuuuh." Tönt es da schon aus den Reihen der Kollegen. "English please! We don't understand a word, if you speak German!" „Kuschelbärchi", fordere ich ihn auf. „Da musst du nun durch, sonst wird das mit deinem Anliegen nichts.

Bitte nochmal für alle auf Englisch."

Kuschelbärchi erhebt sich sehr, sehr langsam von seinem Sitz. Seine Bäckchen sind nun schon dunkellila. Er atmet tief durch und verkündet: "If yu want to bikam a cäibel, yu can questschon mi." Zu Deutsch: „Wenn du ein Kabel werden möchtest, kannst du mich in Frage stellen!". Ein paar Sekunden herrscht absolute Ruhe im Raum. Kurz darauf folgt brüllendes Gelächter der deutschen Kollegen. Alle anderen gucken verwirrt reihum und sind mindestens genauso schlau wie vorher. Armes Kuschelbärchi! Zuerst ist er sichtlich geknickt, doch irgendwann muss er selber laut loslachen. Ich übersetzte noch einmal für alle, die den Sinn tatsächlich nicht verstanden haben. „Das nächste Mal mache ich das nicht mehr! Das ist ja vielleicht peinlich", lacht Kuschelbärchi noch immer. „Dann kannst du solche Sachen direkt durchgeben. Mann, war ich vielleicht aufgeregt!" „Kein Problem", beruhige ich ihn, „dafür hatten wir alle viel zu lachen." Solche „Denglisch"-Verwirrungen sind immer ein Garant für Lacher. Darum gleich noch eine weitere Geschichte dazu:

Die Theatertechniker, zu denen auch Bärchi gehört, sind zum Beispiel auch dafür zuständig, dass der Bühnenboden auf dem Pooldeck sauber und trocken ist, damit die Tänzer sich während der Show nicht verletzen. In Brasilien sorgten einmal hohe Luftfeuchtigkeit und gelegentliche Schauer für eine regelrechte Rutschpartie. Einer der Theatertechniker wischte schon den ganzen Vormittag mit einem großen Feudel den Boden. Völlig entnervt und durchgeschwitzt kam er zu den Darstellern in den Backstage-Bereich. "I don't know, what to do", stöhnt er. "I wish and wish and it's still wet!" (Übersetzung: Ich weiß nicht, was ich tun soll. Ich wünsche und wünsche und es ist immer noch nass!")

Thomas amüsiert sich. „Ihr seid ja ein lustiger Haufen," sagt er begeistert. „Tolles Team. Ist das immer so?" „Meistens schon, ja. Aber pass auf, Neue werden hier auch ganz gern mal ordentlich durch den Kakao gezogen!" Thomas schluckt. „Wie das?" „Ach, es gibt an Bord immer wieder witzige Aufgaben, die allen Neulingen in ihrer ersten Woche auferlegt werden", verrate ich ihm augenzwinkernd.

WER NEU IST, BRAUCHT FÜR DEN SPOTT NICHT ZU SORGEN

Wahrscheinlich gibt es keinen besseren Ort, um einen Neuling ins Bockshorn zu jagen, als ein Schiff. Und kein Team auf der Welt, das bei solchen Streichen mehr zusammenhält, als eine Schiffs-Crew.

Erfahrene Offiziere machen sich zum Beispiel regelmäßig einen Spaß daraus, junge Kadetten, die zum ersten Mal auf der Brücke sind, mit einem kleinen Kanister an die Tankstelle zu schicken, um Motoröl zu holen. Weil die Antriebsmaschine sonst keine Schmierung mehr habe!

Eine Zeit lang, schickten die Reiseleiter alle ihre Neuaufsteiger erst einmal los, um die „Kegelbahn" für den Abend zu reservieren. Allerdings gibt es nirgends an Bord eine Kegelbahn. Wie sollte das auch gehen? Kegeln auf einem schwankenden Schiff? Soweit denkt so ein Neuling jedoch meist nicht und marschiert pflichtbewusst zum Crew Purser, um die Reservierung klar zu machen. Nachdem einige Erstfahrer aufgeregt beim ihm vorgesprochen hatten, beschloss auch dieser, in den Scherz einzusteigen. Die nächste Reservierung nahm er wie selbstverständlich entgegen, fragte sogar noch, ob auch Getränke bestellt werden sollten. Im nächsten Crew Meeting erklärte der neue Mitarbeiter stolz wie Bolle, dass nicht nur die Bahn reserviert, sondern auch eine Kiste Bier sowie Softdrinks geordert seien. Die Reiseleiter, der Crew Purser und die erfahreneren Crew-Mitglieder johlten vor Vergnügen.

„Keine Sorge", lache ich Thomas gegenüber. „Meist schafft man es hier an Bord auch ganz allein, sich zu blamieren. Dazu braucht man keine fiesen Kollegen. Mal ist es ein Versprecher, mal ein Missverständnis und mal steht man auch auf See so richtig schön auf dem Schlauch." Mir selbst ist Folgendes passiert: Nach der Seenotrettungsübung verließen die Gäste langsam den Außenbereich auf Deck 6. Wir Crewmitglieder wünschten einen schönen Abend, eine gute Reise und viel Spaß an Bord. Immer wieder wiesen wir auch auf das gleich stattfindende Highlight, den Welcome-Sekt, hin. Plötzlich rutschte mir heraus: „Und wir freuen uns, Sie gleich zum Welcome-Sex auf dem Pooldeck zu begrüßen." Der angesprochene junge Mann grinste nur. Da es an Bord das berühmte Mauseloch nicht gab, wäre ich am liebsten über Bord gesprungen! Was für ein Patzer?! Als ich aber die Gesichter meiner Kollegen sah, die meinen Versprecher offensichtlich mitbekommen hatten, stimmte ich in das Gelächter mit ein. Anders als eine junge Kollegin, die zum ersten Mal an Bord anheuerte …

Wir waren mitten auf dem Atlantik und saßen beim Mittagessen in der Crew-Messe, als wir die Durchsage vom Kapitän hörten: „Wir rechnen mit starkem Seegang. Bitte die Panzerblenden schließen". Panik stand der Neuen ins Gesicht geschrieben: „Warum schießen die denn mit Panzern auf uns?" Verwunderte Blicke kreisten umher, doch dann platzte es geradezu aus uns raus. Wir lagen unter dem Tisch vor Lachen. Die neue Kollegin war zunächst verunsichert, kicherte dann aber unwillkürlich mit – auch wenn sie zunächst nicht wusste, warum. Wir klärten sie über die Bedeutung der sogenannten Panzerblenden auf. Gemeint sind damit die Stahlklappen, die sich auf der Innenseite der Bullaugen befinden, welche man mit zwei großen Schrauben bei starkem Seegang verschließen muss.

Doch nicht nur sprachliche Verwirrungen sorgen bei der Crew immer wieder für beste Unterhaltung, die Kollegen kommen oftmals auf noch ganz andere Ideen.

DIE PHILIPPINISCHE TÜTENSUPPEN-MAFIA UND DER MOBILE FRISEURSALON

An Bord arbeiten unterschiedlichste Nationen intensiv und sehr gut miteinander, die Freizeit und der Feierabend verbringt man aber überwiegend mit gleichsprachigen Kollegen und Freunden.

Bei den Philippinos zum Beispiel gibt es die „Phili-Mafia", wie wir Europäer sie intern liebevoll nennen. Hierzu gehört ein philippinisches Oberhaupt, welches zu Beginn der Reise bestimmt wird. Zumeist ist es der, der verbal am stärksten ist und sich in der Gruppe durchsetzen kann. Aber wer am Ende wirklich den Hut auf hat, bleibt für einen Europäer stets im Verborgenen. Manche zeigen die Zugehörigkeit zu ihrer Gruppe auch in Form von kleinen Tattoos, die dann unscheinbar an verschieden sichtbaren Stellen ihrer Körper zum Vorschein kommen und von anderen Mitgliedern derselben Gruppe schnell erkannt werden. Das Oberhaupt organisiert dann kleine, eigentlich illegale, „Fertigsuppen-Partys" auf den Kabinen der Kollegen oder auch gern Friseurtermine auf den Gängen.

Eine dieser „Fertigsuppen-Partys" ist allerdings einmal des Nachts aufgeflogen. Die Party fand in der Crew-Wäscherei statt. Es wurden fleißig Süppchen geschlürft und sich dabei lauthals unterhalten. Leider feierten die philippinischen Kollegen zu lautstark und somit wurde die Party von umliegenden Kabinen, die sich in ihrer nächtlichen Ruhe gestört fühlten, verraten. Kurze Zeit später beendete das Sicherheitspersonal die Suppen-Sause hochoffiziell und die nun nicht mehr schlürfenden Kollegen durften sich tags darauf einen gehörigen Rüffel von ihren Chefs abholen. Nachdem sich die Geschichte mit den Süppchen in der Crew-Wäscherei an Bord herumgesprochen hatte, fand sich wenige Tage später an der Eingangstür zur Wäscherei folgendes Schild, angefertigt von unbekannten Crewmitgliedern mit der Aufschrift: Das Restaurant Zur Goldenen Trommel hat leider geschlossen!

Bei den Friseurterminen hingegen treffen sich all diejenigen, die von ihrem Chef einen Rüffel und den Auftrag bekommen haben, ihre Haarpracht endlich einmal vernünftig herrichten zu lassen. Einer der zahlreichen Crew-Gänge wird dann spontan zum Friseursalon umfunktioniert. Ein kleiner Stuhl aus der Kabine, eine große Mülltüte auf den Teppich, fertig ist das Haarstudio. Und schnipp! schnapp! fliegen Tausende Haare durch die Gegend.

Soweit so gut. Transportiert jemand wie ich jedoch gerade eine Bücherladung für die Gästebibliothek in einen der hierfür vorgesehenen Lagerräume unter Deck und hat den Turm so hoch gestapelt, dass man beim Gehen nicht mehr geradeaus sehen kann, passiert es nicht selten, dass man so eine improvisierte Schnippelstube ganz einfach mal platt rennt. Und da auch kein großes Schild in unmittelbarer Nähe aufgestellt ist mit der Aufschrift: „Achtung, Achtung, schnipp! schnapp! Haare ab!", sind leider schon viele Kollegen unter einem Bücherturm begraben worden. Ganz zu schweigen von dem meist schwarzen Naturhaarteppich, der sich dann über die Gänge verteilt.

Um diesen Stolperfallen vorzubeugen, entschied man sich im Ausschuss der nationalen Parteien an Bord, einen Salon für die Mitarbeiter einzurichten. Hierfür benötigte man lediglich den Lagerraum der Bücherei, baute einen Friseurtisch mit Spiegel ein und schon passte alles. Nur die Damen sollten sich jedoch genau überlegen, ob sie ihre Haarpracht wirklich den Händen des philippinischen Figaros anvertrauen wollen. Der kann nämlich nur eine Frisur: kurz. Mit ganz viel gutem Zuspruch schneidet er die Seiten vielleicht noch kürzer.

YOU MOVE LIKE JAGGER

Leider spielt sich nicht jedes Fehlverhalten der Crew heimlich unter Deck ab. Und wissen Crewmitglieder nicht, wie man sich im Gästebereich benimmt, wird es richtig unangenehm.

Wir schipperten einst in der karibischen See umher. Was konnte es da nicht Schöneres geben, als eine Party unter klarem Sternenhimmel, bei angenehmen Temperaturen, draußen an Deck? Auch an diesem Abend war wieder alles für unsere Gäste präpariert und dekoriert, man wartete schon sehnsüchtig auf den Auftakt durch die Showtruppe. Das Deck war rappelvoll mit Gästen, das Barteam mixte Piña Colada und kredenzte diese in ausgehöhlten Kokosnüssen, andere tropische Drinks wurden in der Ananas serviert. Die Gäste genossen und feierten. Nach der Showtruppe hielt der DJ die Stimmung aufrecht.

Auch einige Kollegen von der Crew hatten sich im passenden Karibik-Outfit, mit Rasta-Perücke, Blumenkette und Hawaii-Hemd, unter die Gäste gemischt. Dass die Besatzung mit den Gästen an Bord im gewissen Rahmen feiert, ist übrigens durchaus legitim und wird sogar gewünscht. Karibische Beats die ganze Nacht, Crew und Gäste ließen die Hüften kreisen. Doch auf einmal löste sich ein Teil der tanzenden Meute und eine riesengroße, leere Fläche entstand auf dem Parkett. Was war los? War ein Glas runtergefallen? Hatte vielleicht jemand seinen Blähungen freien Lauf gelassen? Oder schmiss jemand an der Bar eine Runde für alle Anwesenden? Verwirrt schaute ich herum, um die Ursache herauszufinden. In dem Moment sah ich, wie ein einzelnes Crewmitglied mitten auf der Tanzfläche mit geschlossenen Augen so extrem tanzte, dass er alle um sich herum mit seinen Ellbogen und kickenden Füßen förmlich von der Tanzfläche rockte. Die meisten Mittanzenden waren bereits geflüchtet, der Tanzbär machte einfach weiter, riss alles, was sich ihm näherte, mit sich und war völlig in Trance. „Uiuiui, da tanzt Ihr Kollege aber ganz schön heftig durch die Gegend, der kriegt ja gar nichts mehr mit", bemerkte ein Herr direkt neben mir. „Äh, ja, scheint wohl ein echter Tanzbär zu sein, der Gute", antwortete ich vorsichtig und versuchte den Kollegen bei der Zappelei erst einmal zu identifizieren. Ich kannte ihn nicht, was aber bei einer so großen Mannschaft und so vielen verschiedenen Abteilungen kein Wunder ist. Immerhin trug er ein Namensschild, welches natürlich auf der Tanzfläche im Scheinwerferlicht in alle Richtungen blitzte und ihn als Crew-Mitglied verriet. Immer noch schlenkerten seine Arme wild umher, mit vorschriftsmäßig kurzem Haar versuchte er sich nun an rockstarartigem Headbanging. Zu den karibischen Klängen sah das Ganze noch merkwürdiger aus. Seine Ausfallschritte waren so ungelenk, ganz zu schweigen von seinen überdimensionalen Quadratlatschen, dass er alles mitriss, was sich nicht bei Drei in Sicherheit gebracht hatte.

„Ha, guck mal der Typ da, wie der abgeht beim Tanzen!" amüsierte sich ein junger Kerl inmitten einer Gruppe. „Na, neben dem kann man ja gar nicht mehr in Ruhe tanzen und das Fest genießen", beschwerte sich ein älterer Herr. „Komm Schatz, wir gehen ins Bett." Er zerrte seine Frau hinter sich her in Richtung Treppenhaus.

Der tanzwütige Kollege hatte sich mittlerweile ein Areal von der Größe eines Volleyballfeldes frei getanzt. Völlig allein, sein Namensschild blinkte weiter lustig angestrahlt durch die Scheinwerfer vor sich hin. Schließlich marschierte einer unserer Offiziere, offenbar sein Chef, entschlossen in die Mitte der Tanzfläche, packte den wildgewordenen Tanzbär und führte ihn höchstpersönlich am Schlafittchen vom Parkett. Ein paar Gäste schauten sich das Schauspiel an, einige klatschten. Bald fingen die Ersten wieder an zu tanzen, der DJ fand schnell noch ein paar motivierende Rhythmen, um die Party wieder in Schwung zu bringen und die Gäste bei Laune zu halten. „Na, den Kollegen kennen Sie sicherlich besonders gut, was? Das ist doch ein Kollege von Ihnen gewesen, oder?", rief mir ein tanzender Gast hämisch zu. „Äh, Kollege, ja. Andere Abteilung", antwortete ich nur schnell und machte mich vom Acker.

Am nächsten Tag sprach sich ziemlich schnell herum, dass der fragliche Kollege ein Mitarbeiter aus der Wellnessabteilung war und in seiner Funktion als leidenschaftlicher Extremtänzer nun erst mal offizielles Tanzverbot erteilt bekommen hatte. Die Party und damit auch in erster Linie die Tanzfläche ist und bleibt für die Gäste reserviert und nicht für die Crew. Das muss auch ein Tanzbär einsehen. Könnte man meinen ... Am darauffolgenden Abend war er schon wieder unterwegs, diesmal in der Disco. Die Tanzfläche dort ist wesentlich kleiner als auf dem Pooldeck und als der Tanzbär loslegte, war sie noch schneller leergefegt als am Abend zuvor. „Oh, wieder ihr Kollege am Start, was?" Der Gast vom Vorabend schon wieder. „Hahaha!", lachte er. Ich sparte mir lieber den Kommentar. Warum war der Tanzbär denn schon wieder auf freiem Tanzfuß? Keiner wusste es, doch am nächsten Morgen gab es wieder Ärger mit dem Chef, über dessen Verbot er sich einfach hinweggesetzt hatte. „Ich tanze für mein Leben gern und lasse es mir nicht verbieten!", polterte der Rocky Balboa der Freestyle-Tänzer los. „Und, Rücksicht nehme ich auch nicht, die anderen können ja auch so tanzen wie ich, wenn sie wollen." Worauf der Chef mit energischer Stimme entgegnete: „Die Tanzfläche ist für die Gäste da, es geht nicht, dass sie sich deinetwegen nicht trauen und Angst haben, sich Verletzungen zuzuziehen. Die Tanzfläche ist für dich ein für alle Mal gestrichen, basta!" Noch am selben Abend fand wieder dasselbe Schauspiel in der Disco statt: Der Tanzbär gab Vollgas. Die ersten Gäste beschwerten sich nun schon an der Rezeption. Einen Tag später war der „Profitänzer" nicht mehr an Bord. Seine letzten Pirouetten durfte er auf der Pier drehen, und das gleich bis zum nächsten Flughafen. Immerhin dürfte er in die Annalen unsers Schiffes eingegangen sein: Als Einziger, dem jemals wegen aggressiven Tanzens gekündigt wurde.

Es kann aber auch ganz anders gehen: Ein älterer Passagier, wohl bereits jenseits der 70, tanzte jeden Abend und zu jeder Musik entweder auf der Umrandung des Pools oder in der Disco mitten auf der Tanzfläche. Sein Tanz ähnelte schon fast einer Choreographie mit wenigen, immer gleichen Bewegungen. Am Anfang lachten die Leute über ihn. Doch irgendwann hörte ich jemanden sagen: „Wenn ich in dem Alter auch noch so einen Spaß am Tanzen habe und so wenig darauf gebe, was andere denken, dann bin ich ein glücklicher Mensch". Immer mehr Leute schienen das so zu sehen und machten seine Moves nach. Die ganze Tanzfläche war voll mit Gästen, die so tanzten wie er. Und ich habe mir fest vorgenommen, mit 70 auch noch zu tanzen als würde es keiner sehen.

MODERIEREN KANN DOCH JEDER

Eines Tages kam ein weiteres neues Crewmitglied an Bord, ein Moderator für unsere Veranstaltungen. Seine Betreuung sollte mal wieder ich übernehmen. Insgesamt sollte der Mann von nun an für alle Lautsprecherdurchsagen verantwortlich sein, die nicht die Sicherheit an Bord beinhalten. Das obliegt nämlich nur dem wachhabenden Offizier oder dem Kapitän. Der Moderator führt dagegen Interviews, moderiert das bordeigene Fernsehen, coacht Kollegen, die regelmäßig auf die Bühne müssen und übernimmt natürlich auch die Show-Moderationen am Abend im Theater.

„Guten Tag, mein Name ist Karl, sehr angenehm", stellte sich der Neue geschwollen, fast schon ein bisschen hochnäsig, vor. Sein Bart war auffallend gepflegt, als ob er gerade noch eine professionelle Rasur bekommen hätte. Noch bevor ich mich überhaupt vorstellen konnte und während eines nicht enden wollenden, feuchten Händedrucks, quasselte er auch gleich weiter: „Ich bin überzeugt, dass ich hier an Bord eine sehr gute Arbeit abliefern werde. Ich werde täglich recherchieren und Bericht erstatten über jedes Detail. Zudem werde ich Sie auf dem Laufenden halten, wie es mir grundsätzlich gefällt und was ich weiterhin für meine Arbeiten benötigen werde. Und nun entschuldigen Sie mich, aber ich möchte gern auf mein Zimmer, die Anreise war SEHR anstrengend." Junge, Junge! Das war aber mal eine Vorstellung sondergleichen. Ein Glück, dass ich da noch keine Ahnung hatte, wie das Schauspiel mit ihm weitergehen sollte.

„Guten Tag erst mal und herzlich willkommen an Bord", begrüßte ich ihn nun auch. „Und eines gleich vorweg: Hier an Bord duzen wir uns, das Sie kannst du also einfach vergessen, Karl! Deine Kabine, auf der du die nächste Zeit wohnen wirst, zeige ich dir gleich, nachdem du mit all deinen Dokumenten bei uns eingecheckt hast. Deine Pause musst du heute allerdings ein wenig nach hinten verschieben. Ich kann mir vorstellen, dass deine Anreise anstrengend war, aber ich werde dir, nachdem du deine Sachen abgestellt hast, erst mal im Büro eine Einweisung geben und dir das Schiff zeigen. Hast du schon mal an Bord eines Kreuzfahrtschiffes gearbeitet?" „Nein, noch nie", antwortete Karl ein wenig perplex, „aber ich bin sehr gespannt, ob auch alles meinen Vorstellungen entsprechen wird. Ich werde die Pause dann für 30 Minuten verschieben". Oh je! Mein neuer Freund Karl. Ob das wohl alles gut gehen würde mit ihm? Komischer Vogel, dachte ich mir. Aber ich wollte die Pferde mal nicht scheu machen. Sicherlich taute er noch auf. Immerhin war er ja zum ersten Mal an Bord – alles war neu, vielleicht war er einfach nur aufgeregt. THINK POSITIVE – meine Devise an diesem Tag, und auch definitiv an allen darauffolgenden mit Karl.

Die Kabine war bezogen, erste Einweisung erledigt, Schiffsrundgang gemacht, die ersten Fragen geklärt. „Dann werde ich so langsam aber sicher mit meinen Recherchen an Bord beginnen", erklärte Karl. Welche Recherchen? „Entschuldige, Karl, wenn ich nachhake, aber von welchen Recherchen sprichst du da die ganze Zeit?", fragte ich ihn und fügte hinzu: „Die Shows wiederholen sich im Laufe der Reisen, die Sendepläne wiederholen sich ebenso, du hast feste Vorgaben in Form von ausgearbeiteten Arbeitsmappen mit allen Infos vorab nach Hause geschickt bekommen und Interviewpartner sind derzeit immer dieselben. Was willst du recherchieren?" „Ich benötige viel Zeit für meine Recherchen, sehr viel Zeit", antwortete Karl sehr bestimmt. „Das habe ich so gelernt. Alle Inhalte müssen genau ausgearbeitet sein. Ich muss mich ab sofort mit allen beruflichen Abläufen hier an Bord vertraut machen. Täglich acht Stunden benötige ich dazu. Meine Vorbereitungen hierfür laufen bereits." Eine richtige Antwort auf meine Frage war das nicht. Doch noch bevor ich etwas einwenden konnte, verschwand Karl in Richtung Kabine.

Karl hatte tatsächlich Glück und ein paar Tage Zeit, um sich einen Überblick zu verschaffen. Anderen Kollegen bleibt dieser Luxus vorenthalten, sie müssen gleich am ersten Tag alle neuen Aufgaben übernehmen und Gas geben. Karl musste erst, nachdem er alle operativen und vor allen Dingen moderativen Abläufe einmal gesehen hatte, auf die

Bühne und vor die Kamera. Im Laufe der ersten Tage stürmte Karl immer wieder völlig gereizt und aufgeregt zu mir ins Büro. „Ich kann so nicht arbeiten!", stöhnte er. „Meine Kabine ist zu laut und die Internetverbindung zu langsam. Ich kann nicht jedes Mal warten, bis wir in irgendeinen Hafen einlaufen, damit ich ordentliches WIFI bekomme. Meine Recherchen – ich komme nicht vorwärts!" Mittlerweile schimpfte er richtig und redete sich immer mehr in Rage. „Ich verlange ab sofort eine schnelle Internetverbindung gratis auf meine Kabine", setzte er nun fordernd oben drauf. Der Mann war nicht mehr zu halten.

Ich traute meinen Ohren kaum. Was fiel ihm eigentlich ein?!? Nun platzte mir der Kragen: „Wie bitte? Sollen wir für dich Landstrom mit Kabel an Bord legen oder wie stellst du dir das Ganze vor? Was für Recherchen machst du da die ganze Zeit? Ich habe dir schon mal gesagt, dass du alles, was du für deine Arbeit an Bord benötigst, bereits bekommen hast. Du solltest dir lieber diese Sachen durchlesen als den ganzen Tag lang zu versuchen, im Internet zu surfen. Also nur noch einmal für dich zum Mitschreiben:

1. Eine schnelle Internetverbindung hat nicht einmal der Kapitän.

2. Die Verbindung mit dem Netz wird über Satellit hergestellt, das funktioniert eben langsamer als zu Hause aus der Dose.

3. Du benötigst keine Recherche! Und schon gar nicht acht Stunden am Tag. Wann willst du denn mal dein restliche Arbeit machen?

Schau dir dein Arbeitsmaterial an und konzentriere dich bitte auf das Wesentliche." Puh, ich musste mich beruhigen! Doch da kannte ich Karl schlecht. Er gab keineswegs nach meiner Ansage Ruhe. Im Gegenteil. Mit roter Birne schnaubte er: „Ich verlange eine private, schnelle und kostenlose Internetverbindung auf meine Kabine! Ich mache meine Arbeit gut und meine Recherchen sind sehr wichtig. Wenn meinen Wünschen nicht Folge geleistet wird, spreche ich selbst höchstpersönlich mit dem Kapitän!" Karl drehte sich auf der Hacke um und verschwand wutentbrannt. Na, das konnte ja heiter werden! So ein Auftritt wäre tatsächlich bühnenreif gewesen. Karl hatte wohl noch immer nicht verstanden, was seine eigentlichen Aufgaben an Bord waren. Und den Kapitän würden Karls unerfüllbare Wünsche herzlich wenig interessieren. Er würde mich höchstens fragen, welchen Vogel ich mir denn da gefangen hatte.

In den nächsten Tagen folgten weitere zähe Meetings mit Karl. Und in jedem seiner Sätze tauchte mindestens einmal das Wort „Recherche" auf, bis ich es tatsächlich nicht mehr hören konnte. „Was hast du eigentlich vorher gemacht, bevor du an Bord gekommen bist? Beruflich, meine ich", fragte ich ihn. „Ich habe für Moderatoren Sendeinhalte recherchiert und geschrieben", so Karl. „Aha, deshalb sprichst du also immer von Recherchen. Und moderiert hast du selbst dann auch?", bohrte ich interessiert weiter. „Nein, ich habe nie moderiert. Aber das ist doch voll einfach, das bisschen Gequatsche! Und was ich selbst vorher recherchiert habe, kann ich ja wohl ansagen." Na, das wollen wir doch einmal sehen", dachte ich mir im Stillen und ahnte Schlimmes.

Karls Schnuppertage, die er hauptsächlich dem Versuch gewidmet hatte, Recherchen für seine Arbeit durchzuführen, waren nun vorbei und sein erster Auftritt stand bevor. Es war ein kurzer Bühnenauftritt, eine kleine und kurze Moderation vor einer Show auf dem Pooldeck. Genau das Richtige, um sich erst mal an die Bühne zu gewöhnen.

„Und, alles klar bei dir? Aufgeregt?", fragte ich ihn kurz vor seinem Auftritt. „Klar, alles super. Ein Kinderspiel, bin völlig entspannt!" tönte Karl. Ein Jingle wurde eingespielt, Karl kam auf die Bühne, das Mikrofon in der Hand, Hunderte Augenpaare auf ihn gerichtet. Nichts passierte. Karl glotzte zurück. Stille.

Plötzlich stocherte Karl nervös mit seinem Mikrofon in der Luft herum, mit der anderen Hand wühlte er verzweifelt in seiner Hosentasche. Was für ein Anblick! Dann endlich schien er gefunden zu haben, was er suchte: sein Notizbuch! „Sehr verehrte Gäste ..." Pause. Lange Pause. „Ich freue mich sehr, Ihnen die nun folgende Show zu präsentieren. Sie heißt ... sie heißt ..." Er blätterte wie wild in seinem Notizbuch herum und konnte die Seite mit dem Namen der Show offensichtlich nicht finden. „Viel Spaß und gute Unterhaltung!" Wenigstens das wünschte er noch bei „Was auch immer" und stolperte von der Bühne.

Das war also herausgekommen bei seinen ach so wichtigen Recherchen! Ich konnte es nicht fassen. War das alles peinlich! Fremdschämen wäre für mein Gefühl in diesem Moment noch zu harmlos ausgedrückt. Ich bekam eine Gänsehaut am ganzen Körper.

Doch damit nicht genug: Karl kam strahlend auf mich zugestiefelt: „Wie war ich? Ich fand mich super!" Wie bitte? Hatte der noch alle Latten am Zaun? Und das Schlimme war: Der fand sich tatsächlich toll, die Nase trug er immer höher. Mir fehlten die Worte – was echt selten vorkommt. Aber ich brauchte auch gar nichts weiter sagen, denn Karl hatte sich sofort auf den Weg gemacht. Erhobenen Hauptes schritt er über das Pooldeck, völlig überzeugt von sich, die Recherche toll präsentiert zu haben. Ich blieb mit offenem Mund stehen.

Seine Stotter-Nummer zog Karl noch zweimal durch. Wenn es nach mir gegangen wäre, hätte er hier an Bord niemals wieder eine Bühne betreten. Aber weil man ja niemanden wegen einer einzigen schlechten Moderation feuern kann, mussten wir ihm nochmals eine Chance einräumen. Es war zum Verrücktwerden und unseren Gästen eigentlich schon nicht mehr zumutbar. Karl versuchte sich also bei zwei wirklich einfachen Moderationen, bei unserer Live-Sendung und auf der Theaterbühne, noch einmal. Er brachte keinen geraden Satz auf der Bühne heraus, geschweige denn vor der Kamera. Schon bald wollten seine Interviewpartner aus den Abteilungen nicht mehr in die bordeigene Sendung kommen.

„Karl ist eine Katastrophe. Ich frage eine Kollegin, ob sie Lust hat für mich in die Sendung zu gehen. Ich hab' da keinen Bock mehr drauf", hörte ich immer wieder. „Karl müsste sich doch eigentlich vor jedem Auftritt in die Hose machen", grübelte ich. Es konnte doch nicht sein, dass er einfach nicht merkte, dass er diesen Job absolut nicht konnte. Aber Karl war weiterhin gnadenlos davon überzeugt, dass er der absolute Hammer und ein Top-Moderator war.

Ein paar Tage nach Karls erstem vernichtenden Auftritt war das Schiff erleichtert – um Karl und seine Recherchen! Er musste gehen. Harter Tobak für den Jungen. Er konnte es einfach nicht verstehen. Das Stottern aus seinem Notizbuch hatte somit endlich ein Ende gefunden.

Eines hätte ich am Ende doch gern noch gewusst: Was hatte Karl die ganze Zeit über gemacht? Sinnvolle Recherchen hatte er jedenfalls nicht geführt. Leider habe ich es nie erfahren. Hoffentlich hat er inzwischen einen besseren Job gefunden. Vielleicht gibt er als Coach Motivationstrainings. Zu Themen wie „Lerne, dich selbst zu lieben", „Du bist es dir wert" oder schlicht: „Ich find´ mich geil!". Hierbei könnte er garantiert mehr Menschen glücklich machen als mit Moderation.

IM VOLLSUFF ZUM ALKOHOLTEST

Noch größere Probleme durch Selbstüberschätzung bekommt man allerdings, wenn es um die eigene Trinkfestigkeit geht. So wurde ich einmal früh morgens gegen 05:30 Uhr vom Staffkapitän angerufen. „Sofort den Kollegen Lichttechniker zum Alkoholtest ins Hospital schicken", tönte es durch die Leitung. „Der Doktor ist schon auf dem Weg und wartet." „Was – ääääh – wo? Wer?", gähnte ich noch völlig verschlafen und verstand gar nicht, worum es ging. „Sofort den Kollegen Lichttechniker zum Hospital. Alkoholtest!" „Ah, ja. Ok. Ich kümmere mich darum", brummelte ich schnell, immer noch nicht wirklich wach und legte auf. Was für ein wunderschöner Morgen!

Schlaftrunken versuchte ich erst mal alle meine Sinne zusammenzusammeln und dann den Kollegen Lichttechniker anzurufen. Er hatte zum Glück auch ein mobiles Schiffstelefon und sollte daher einfach aufzufinden sein. Ich ließ es klingeln. Ein Mal, zwei Mal, bestimmt acht Mal. Keiner ging ran. Ich rief auf seiner Kabine an, auch hier nahm niemand ab. Ich versuchte beide Telefone noch zwei Mal, doch es tat sich nichts. Na toll, wie sollte ich den denn finden bei über 300 Crewkabinen?

Vielleicht lag er auch irgendwo in der Ecke, weil er so betrunken war. Oder irgendwo im Passagierbereich? Millionen Möglichkeiten schossen mir durch den Kopf. Fakt war, der Typ musste zum Hospital, der Arzt wartete dort schon auf ihn und wenn ich ihn nicht aufgabelte, klingelte mein Telefon gleich wieder. Ich stand also auf. Eine Ladung kaltes Wasser ins Gesicht und ab in die Uniform. Erst mal machte ich mich auf den Weg zu seiner Kabine. Vielleicht hatte er die Bimmelei ja tatsächlich überhört oder sein Telefon stumm geschaltet, wer weiß.

Als ich vor der Kabinentür stand, sah ich durch den kleinen Schlitz unterhalb der Türe, dass Licht brannte. Also sollte doch jemand da sein. Ich klopfte an, doch niemand machte auf. Ich klopfte nochmals, nichts passierte. Ich drückte die Türklinke vorsichtig runter und, oh Wunder, die Türe war offen. Ich schaute in die Kabine und entdeckte das Elend: Lichttechniker Matze lag nur mit einer völlig zerlöcherten Unterhose bei strahlendem Lichterschein auf seiner Matratze. Ein Bein hing aus dem Bett, Matze lag quer, er schnarchte ein bisschen, die Bettdecke lag auf dem Boden. Es stank wie in einem Pumakäfig.

„Matze!", sagte ich laut und deutlich. „Matze, du musst aufstehen!" Nichts rührte sich. „Matze!", rief ich nun richtig laut.

„Ääääh? Was? Wer? Wo?" Matze war noch verwirrter als ich nach dem Anruf des Staff Captains. „Was machst'n du hier?", lallte er und versuchte, seine Augen offen zu halten. Das schien aber schier unmöglich.

„Matze. Du musst aufstehen, im Hospital wartet ein Alkoholtest auf dich. Berechtigterweise, wie man ja sehen und riechen kann", erklärte ich ihm. „Du gehst jetzt aufs Klo, trinkst diese volle Wasserflasche hier leer, ziehst dich an und kommst raus. Ich warte vor der Tür auf dich. In fünf Minuten bist du fertig." Mein Tonfall wurde strenger. Immerhin musste ich wegen so einem Idioten nun extra früh raus. Da gibt´s wirklich schönere Dinge – mein Bett war bestimmt noch ein kleines bisschen warm.

Ich verließ die Kabine und hörte von draußen, dass die Klospülung betätigt wurde. Na immerhin hatte er den Weg ins Bad geschafft. Kurze Zeit später stand er halb angezogen vor mir. „Hast du die Wasserflasche leer getrunken?", fragte ich ihn. „Ja, also fast", antwortet er. „Leer machen." Ich schickte ihn wieder hinein. Wenn Matze wegen zu hohen Alkoholpegels heute noch nach Hause geschickt würde, könnten wir keine Shows mehr im Theater spielen. Dann hätte ich knapp zwanzig arbeitslose Mitarbeiter, die nicht auf die Bühne können, weil einer zu doof ist, sich am Riemen zu reißen. Vielleicht halfen ja 1,5 Liter Wasser, den Pegel ein bisschen zu regulieren. Die Flasche war leer getrunken und Matze stolperte wieder aus seiner Kabine. Im Gang stellte er sich kurz auf und schlug die Hacken zusammen: „Aye, Aye Captain, wir gehen jetzt ins Hospital!" Ich hätte mich ausgeschüttet vor Lachen, quälte mich nicht im Hinterkopf der Gedanke, dass wir das Theater wegen Sauferei ab heute schließen müssten. Wie sollte man so was denn den Gästen erklären? Technischer Defekt vielleicht? Techniker defekt wohl eher!

„Boah, Matze, du Koffer, komm jetzt!" Ich packte ihn unterm Arm und wir spurteten zum Hospital. Unterwegs hatte Matze dann noch die geniale Idee, an den anderen Kabinentüren Klopfstreiche zu spielen. Oh ja, er war immer noch in Partylaune. Zwischendurch klingelte mein Telefon: „Wo seid ihr denn?", fragte der Arzt. „Wir stehen schon vor der Tür." Als der Doc den völlig zertrümmerten Matze sah, schüttelte er nur den Kopf. Er nahm ihn mit ins Behandlungszimmer. Kurz darauf war Matze wieder da. „Was passiert denn, wenn ich zu viel Alkohol getrunken hab?" fragte er mich kleinlaut, aber leider immer noch total besoffen. „Dann darfst du mit großer Wahrscheinlichkeit deine Koffer packen und nach Hause fliegen. Arrivederci, das war´s!" antwortete ich ihm.

„2,8 Promille." Der Arzt kam zu uns. „Bis heute Nachmittag 17:00 Uhr ausnüchtern und dann kommst du bitte nochmal zum zweiten Test vorbei. Um den Rest kümmert sich deine Chefin hier mit dem Staffkapitän." „Ups...". Mehr konnte Matze dazu nicht mitteilen. Den Weg zu seiner Kabine schaffte er aber immerhin schon allein. Ich beschloss, eine kurze Dusche zu nehmen und ins Büro zu gehen. Ins Bett zurück lohnte sich jetzt auch nicht mehr.

Den ganzen Tag über hatte ich Termine wegen Matze. Die Proben mussten verschoben werden, ein Plan B für den Fall, dass Matze wirklich nach Hause geschickt würde, musste her. Nur der war gar nicht so einfach zu finden. Mittags saß ich dann schon zum zweiten Mal beim Staffkapitän im Büro. „Wie schlimm ist es denn für euch, wenn wir ihn nach Hause schicken?", fragt er mich. „Nun ja, wir müssten dann das Theater schließen. Ohne Licht auf der Bühne ist es ziemlich dunkel im Theater", antwortete ich. „Mmh – wirklich so schlimm?" „Ja, zappenduster wäre es. Ich kann verstehen, dass er eigentlich nach Hause muss", seufzte ich. „Für uns und das Team wäre es allerdings eine Katastrophe." „Was ist denn dein Vorschlag, was wir mit ihm machen sollen?", fragte der Staffkapitän. „Gute Frage, aber da sein Vertrag sicherlich noch zwei Monate geht, würde ich ihm absolutes Alkohol- und am besten gleich Crewbar-Verbot erteilen und auch die Barkeeper mit ins Boot holen. Was anderes fällt mir gerade nicht ein."

Bis 17:00 Uhr hörte ich nichts mehr. Dann klingelte das Telefon. Matze hatte seinen Rausch gründlich ausgeschlafen und war wieder nüchtern. Wir hatten nun nochmal gemeinsam einen Termin beim Staffkapitän. Er machte unserem Lichttechniker von Anfang bis Ende sehr deutlich klar, in welche blöden Situationen er nicht nur sich, sondern auch sein ganzes Team gebracht hatte. Matze war die ganze Sache sehr peinlich und er schämte sich in Grund und Boden. Am Ende bekam er eine Abmahnung und Crewbar-Verbot bis zum Tag seines Abstieges. Da hatte nicht nur er, sondern das gesamte Team nochmal so richtig Glück gehabt. Von da an machte Matze seine Arbeit richtig gut, fiel nicht mehr auf und trank auch keinen Tropfen mehr. In seinem nächsten Einsatz auf einem anderen Schiff wurde er jedoch leider wieder rückfällig, sodass man ihn nach Hause schicken musste.

Natürlich ist nicht immer Alkohol im Spiel, der ganz normale Wahnsinn trifft einen täglich und stocknüchtern. Denn an Bord, lebt man ja schließlich gemeinsam auf engstem Raum. Einziger Rückzugsort ist die Kabine, wo meist aber ebenfalls ein Mitbewohner hinter seinem Bettvorhang liest oder fernsehen möchte. Nichts ist los mit abends schön gemütlich nach Hause fahren, eine Runde über den doofen Kollegen lästern, sich mit den besten Kumpels treffen und aufs Wochenende warten. Das Schiff wird zur Ersatzfamilie und Kollegen zu neuen Freunden. Der Chef wird zum Papa der Nation. Gibt es Probleme, wird nicht lange gefackelt, sondern sofort an Ort und Stelle ausgepackt, offen angesprochen und ausdiskutiert. Das kann manchmal ganz schön mühselig sein, aber es hilft ungemein.

Ein Kapitän hat mal gesagt: „Unsere Politiker sollten sich mal eine Scheibe von unserer Crew abschneiden. Wir leben mit so vielen unterschiedlichen Charakteren und Nationen an Bord, haben unseren eigenen Schiffsrat, eine „Volksvertretung", die sich um die Belange der Crew kümmert und alle Trinkgelder verwaltet. Alle Probleme werden sofort hier vor Ort geregelt. Ein Schiff funktioniert wie eine kleine Stadt. Und hier läuft wirklich alles. Wir ziehen an einem Strang!" Recht hat er. Doch das Beste unter Seeleuten ist immer: Was an Bord passiert, bleibt an Bord! Was wer verbockt hat und wer mit wem was hatte – alles bleibt auf dem Schiff. Getreu dem Motto: „Was in Vegas passiert, bleibt in Vegas". Es sei denn, jemand schreibt ein Buch darüber.

DAS HOCHZEITSKLEID UND DER SCHWIEGERDRACHEN

Am frühen Vormittag steht für Thomas und mich eine Hochzeitsbesprechung an. Ein Pärchen hatte über die Rezeption nach einem Termin gefragt. Sie wollen bald heiraten und es soll etwas ganz Besonderes sein. Warum also nicht auf einem Kreuzfahrtschiff? Von uns erhoffen sie sich ein paar Tipps.

„Machst du in solchen Fällen dann den Weddingplaner hier an Bord?", fragt mich Thomas. „Sozusagen", lache ich. Ich übernehme das Organisatorische." „Und der Kapitän traut die Leute?", fragt Thomas weiter. „Nein", antworte ich. „Eigentlich läuft das anders. Ganz so romantisch wie du dir das vielleicht vorstellen magst, ist es oft gar nicht." Thomas ist fast ein bisschen enttäuscht. „Also nicht so wie auf dem Traumschiff?"

„Dafür kommen Heiratswütige oft auf die skurrilsten Ideen, wo sie ihre Anträge machen möchten. Zum Beispiel im Maschinenraum, in der Kühlkammer, der Besenkammer, beim Kartoffelschälen oder im Rettungsboot bei voller Fahrt. Leider sind diese Lokalitäten für Gäste tabu." Es gibt aber durchaus andere Wege, um an Bord sein Glück zu finden.

Wer auf einer Seereise heiraten möchte, kann das natürlich tun, auch wenn heute nicht mehr jeder Kapitän automatisch zum Trauen befugt ist. Einige Reedereien machen Eheschließungen an Bord möglich, indem sie mit Hochzeitsagenturen in den verschiedenen Häfen kooperieren. Für die Eheschließung kommt dann entweder ein Standesbeamter des Landes an Bord oder das Paar wird an Land getraut. Die Papiere sind in Deutschland anerkannt.

Ich durfte auch schon so manche Traumhochzeit begleiten, wie zum Beispiel auf einem Weingut in Griechenland, an den verschiedensten Stränden der Karibik, in einer kleinen Kapelle in Spanien oder aber auf der Black Pearl, dem berühmten Piratenschiff aus dem Kinofilm „Fluch der Karibik".

In vielen Ländern werden sogar nicht einmal Trauzeugen benötigt. Man kann durchaus auch heimlich, still und leise heiraten, ohne dass es die lieben Verwandten zu Hause mitbekommen. Aber Achtung: In Mexiko verlangt man beispielsweise gleich vier Trauzeugen! Nachfragen und gute Vorbereitung sind also das A und O.

Meine allererste Hochzeit, die ich selbst begleiten und mit organisieren durfte, fand auf Capri statt.

Die Braut, groß und etwas dicklich, plapperte und schnatterte in einer Tour auf ihren zukünftigen Gatten ein, der im Gegensatz zu ihr eher ruhig und sportlich schlank war. Ein Bilderbuch-Paar eben.

Schon Tage vor der Trauung war sie völlig aufgelöst, rannte gefühlte tausend Mal zum Friseur, um sich nochmals Gewissheit über ihre Frisur am großen Tag zu verschaffen und ließ wieder und wieder ihre Spangen, Blümchen und Stecker für die Haare testen. Ihr Zukünftiger dagegen saß in der Zwischenzeit lieber ganz entspannt an der Bar bei einem kühlen Bier.

Das Brautkleid sah aus wie auf einem orientalischen Basar gekauft, über und über mit Schleifchen und Stickereien verziert, einer Korsage mit gewiss 125 Nieten und Bändern zum Verschnüren sowie einem fünffachen Petticoat unterm Rock. Und das Allerbeste: 50 Rosen auf dem Brustteil der Korsage, schön gleichmäßig gefaltet und geknotet aus weißen Bändern. „Soll das Kleid vor der Trauung aufgebügelt werden? Es ist sicherlich zerknittert von der Anreise", fragte ich die Braut. „Oh ja, bitte! Es soll doch alles perfekt sein am schönsten Tag im Leben", antwortete sie sichtlich aufgeregt.

Am Tag der Trauung war es dann soweit: Das Kleid kam frisch aufgebügelt zurück zur Braut. Ein lauter Schrei hallte über Deck 7, wo sich die Kabine des Brautpaares befand. Oh Schreck! Was war los? Mir schwante Schlimmes. Es stellte sich heraus, dass unser Reinigungsmitarbeiter es etwas zu gut mit dem Brautkleid gemeint hatte: Der kleine chinesische Mann, der in der Wäscherei unter Deck arbeitete und immer so zuverlässig und fleißig war und seine Arbeit perfekt wie kein anderer beherrschte, hatte jede einzelne Rose an der Korsage er aufgeknotet und die Bändchen schön glattgebügelt. Keine einzige der 50 Knoten-Rosen war mehr vorhanden.

Eine Katastrophe für die Braut. Völlig verzweifelt brach sie in Tränen aus. So kurz bevor es losgehen sollte – so kurz vor ihrer Traumhochzeit auf Capri. Alarmiert von dem Geheule, eilte die Schwiegermutter aus der Kabine nebenan herbei. Als sie das Dilemma sah, schrie auch sie los. Völlig wutentbrannt mit hoch rotem Kopf tobte sie: „Das ist ja UNMÖGLICH! So eine SCHANDE! Wie konnte Ihnen nur so was passieren? DAS wird Sie teuer zu stehen kommen. MEINE Schwiegertochter, die Arme!" „Bitte beruhigen Sie sich wieder. Das werden wir sicherlich gleich haben, ich werde …", versuchte ich sie zu beruhigen. Aber alles gute Zureden half nichts. Wüste und wilde Beschimpfungen prasselten auf mich nieder. Die Schwiegermutter entpuppte sich als Drachen, wie er im Buche steht. Und daneben die arme pummelige Braut, der die Tränen über die Wangen kullerten.

Da hatte ich die zündende Idee: „Du musst schnell kommen!", rief ich spontan unsere Kostümschneiderin aus dem Theater an. „Du musst mir unbedingt helfen 50 Rosen aus Stoff zu knoten. So schnell du kannst auf Kabine 7236! Frag´ mich bitte nicht warum, komm einfach, biiiitteee!" Ich legte schnell wieder auf und versuchte nochmals mit Nachdruck auf die beiden Damen einzureden und ihnen zu versichern, dass Hilfe nahte.

Und sie kam, die Hilfe! Gott sei Dank! Die Rettung in letzter Not, um nicht zu sagen, in letzter Sekunde! Unsere Schneiderin. Ich war total erleichtert. „Was ist denn los?", fragte mich die Kollegin. Doch bevor ich ihr überhaupt irgendwas erklären konnte, sah sie auch schon das Dilemma. Eine völlig frustrierte Braut und diese ganzen Bändel an ihrer Korsage, die in Streifen, artig und gleichmäßig, aber etwas müde herunterhingen. „Uiuiui, das sollen wir nun alles neu knoten? Als Röschen?", fragte sie mit großen Augen. „Und zwar so schnell wie nur irgend möglich!" Wir legten gemeinsam los und knoteten Rosen was das Zeug hielt. Bei „Wetten, dass ...?" hätten wir damit ohne Weiteres die Saalwette gewonnen.

„Und Sie, Sie ... Sie sind bestimmt an allem schuld!", schimpfte da plötzlich die Schwiegermutter hinter uns los und attackierte unsere hilfsbereite Schneiderin. Wir ließen uns davon jedoch nicht beirren und knoteten unermüdlich weiter an der heulenden Braut herum.

„Hier hat niemand Schuld, hier gibt es lediglich eine große Ansammlung von Missverständnissen." Nun ging mir diese Schwiegermutter aber so langsam echt auf den Zeiger. Ich versuchte ihr die Situation zu erklären, aber natürlich wollte sie in ihrer Rage nichts hören und schimpfte weiter. „Jetzt hören Sie aber endlich einmal auf zu motzen", setzte ich ihr entgegen. „Sie halten hier nur den Betrieb auf mit Ihrer andauernden Schimpferei. Die Braut heult auch schon die ganze Zeit und wir setzen gerade alles daran, das Kleid zu richten und in seinen Ursprungszustand zu versetzen, wie Sie sicherlich sehen können."

Das hatte gesessen. Der Drachen legte nun endlich eine Schweigeminute ein. Und als sie merkte, dass die Korsage ihrer baldigen Schwiegertochter so langsam wieder Form annahm, entspannte sie sich ein wenig. Kurz darauf waren meine Kollegin und ich fertig und warfen einen finalen Blick auf unser vollendetes Kunstwerk und die darin steckende Braut. Die zerstörten Röschen hatten wir echt gut hingekommen. Allerdings sah die Braut in dem Fünffach-Petticoat und mit dem verheulten Gesicht aus wie ein aufgeblähter Ballon, der kurz davor war zu platzen. „So, jetzt ist alles hübsch. Es kann endlich losgehen!", flunkerte ich stattdessen und richtete meinen Blick dabei ausschließlich auf die Rosen. Ich bedankte mich noch tausend Mal bei unserer Crew-Schneiderin, die sichtlich erleichtert nun endlich das Feld räumen durfte.

Die Trauung nahte und der Transfer wartete sicherlich schon vor dem Schiff. Feierlich schritt ich mit Braut und Schwiegermutter ins Treppenhaus. Dort angekommen, wollten wir in den Aufzug einsteigen, doch der Durchmesser des Kleides entsprach leider nicht dem des Aufzuges – das voluminöse Prachtkleid klemmte allen Stopfversuchen zum

Trotz immer wieder in den Aufzugstüren. So kamen wir nicht nach unten. „Vielleicht doch lieber die Treppe?", schlug ich vor. „Kommt gar nicht in Frage!", antwortete die Braut schnippisch. Von ihren Heulattacken hatte sie sich sichtlich erholt. „Mit meinen Schuhen ist Treppengehen einfach nicht drin!"

„Okay", nickte ich. „Na dann, versuchen wir's eben noch mal mit Quetschen!" Und ich presste in den Aufzug hinein, was ging. Nun hatte die gesamte Situation doch endgültig groteske Züge angenommen und mir ging irgendwie der Begriff „Presswurst" nicht mehr aus dem Kopf. Die Tür schloss sich sogar irgendwann, aber leider hing immer noch ein Fetzen vom Brautkleid in der Aufzugstüre fest. „Oh nein", dachte ich. „Wenn jetzt der Aufzug losdüst und das Kleid zerreißt ...!" Szenarien von einer plötzlich nackt dastehenden, völlig demolierten und krakeelenden Press... ähh Braut liefen in Bruchteilen von Sekunden vor meinem inneren Auge ab. Ganz zu schweigen von der Reaktion der Schwiegermutter.

Irgendwie gelang es mir, kurz vor dem nächsten Drama (und das wäre dann wohl auch definitiv das Letzte gewesen!) die Aufzugtüre zu öffnen. „Nichts passiert!", flötete ich schnell, rettete den Rest des Kleides irgendwie in den Aufzug und ab ging die Fahrt in Richtung Gangway, unserem Schiffsausgang. „Schöne Hochzeit, viel Glück! Viel Spaß! Alles Gute!", verabschiedete ich schwitzend das Brautpaar, die Schwiegermutter und den Rest der Familie. Zum Glück war der restliche Tag für das Paar und ihre Gäste voll mit schönen Momenten, sodass alle glücklich und entspannt zurückkamen.

WILLST DU MICH HEIRATEN?

Doch vor die Hochzeit hat der Liebe Gott – oder die Tradition – bekanntlich den Antrag gesetzt. Auch dieser lässt sich ganz hervorragend in eine Kreuzfahrt einbinden.

Ein besonders beliebter Ort für einen Heiratsantrag ist beispielsweise der Bug des Schiffes, wo die Passagiere im Normalfall gar nicht so einfach hinkommen. Denn dieses Deck ist auf fast allen Schiffen der Crew vorbehalten. Die Erlaubnis, um dort vorne einen Antrag machen zu dürfen, erhält man nur vom Kapitän. Oder eben durch Offiziere, die an Bord arbeiten und unter anderem für genau solche seltenen Fälle da sind. Diese fragen den Kapitän dann einfach und der sagt im Normalfall bei Heiratsanträgen nicht nein.

Findet ein romantischer Antrag statt, wird ein kleiner Tisch vorne am Bug festlich dekoriert, Blütenblätter gestreut (je nach Windstärke), Prosecco, Sekt, Champagner oder, je nach Bedarf und Einkommensklasse, auch einfach nur ein Glas Cola kredenzt. Die beiden Verliebten werden dann in der Regel getrennt voneinander an den Bug gebracht. Bei den meisten Paaren ahnt die zukünftige Braut vorher nichts, weil immer der Heiratsantrag traditionell immer noch Männersache ist. Wenn das glückliche Paar vorn am Bug ankommt, steht in der Regel auch schon der Bordfotograf bereit. Der Bräutigam in spe hat meist auch einen Strauß Blumen organisiert und anschließend im A-la-Carte-Restaurant für ein romantisches Dinner zu zweit zum 11-Gang-Menü einen Platz reserviert. Sie ist natürlich vor Überraschung völlig gerührt, er fällt beim traditionellen Kniefall vor lauter Aufregung fast um. Und das Beste ist: beide glauben natürlich, sie seien dort vorne unbeobachtet. Dabei schaut regelmäßig der Kapitän zusammen mit seinen Offizieren per Fernglas von der Brücke aus zu und will wissen, ob sie auch Ja sagt. Wenn dem so ist (und das war es bisher immer!), kann es sogar vorkommen, dass der wachhabende Offizier im Falle völliger Dunkelheit am Bug den Suchscheinwerfer einschaltet und genau auf das zukünftige Brautpaar richtet. Oder noch besser: Er trötet dreimal das Typhon von der Brücke und macht diesen Moment für das Paar damit gleich noch unvergesslicher. Spätestens dann realisieren beide, dass sie doch nicht so ganz unbeobachtet waren. Aber übel genommen hat das zum Glück auch noch kein Paar.

Doch nicht immer läuft alles so romantisch und reibungslos ab: Ein kleines, hageres Männlein plante ebenfalls seiner Herzallerliebsten, einer doppelt so großen wie schweren Frau, während der romantischen Schiffsreise einen Heiratsantrag machen. Sein größter Wunsch war es, dies auf der großen Bühne mitten im Theater zu tun. Alle sollten es mitbekommen, einen großen Applaus sollte es geben mit richtig viel Tamtam.

Zur Vorbereitung seines Antrags hatte er extra eine Schriftrolle mit einer langen Liebeserklärung angefertigt, die er dann – nach vorangehender Einleitung durch den Moderator – am Abend im Theater vortragen wollte. Mit zittrigen Händen und piepsiger Stimme stand er da vor dem gesamten Publikum und seiner Herzallerliebsten. Als er diese auf die Bühne bat, machte die einen Gesichtsausdruck, dass einem dabei gruselig wurde. Das Publikum grölte schon bevor er überhaupt anfing. Allein der Anblick dieser beiden Menschen, die unterschiedlicher nicht sein konnten, dort auf der Bühne reichte schon aus.

Mutig begann der Bräutigam seine Rede, alles schön sorgfältig und zittrig abgelesen. Dann die von allen erwartete Frage: „Schatz, willst du mich heiraten?". Totenstille. Prompt schallte ihre Antwort wie eine Ohrfeige durch das Theater: „Nö!!!" Schnurstracks verließ sie die Bühne. Ein kollektives Raunen ging durch den Saal. Der arme Kerl! Nun hatte er sich so viel Mühe gemacht und alles war umsonst gewesen. Oder auch nicht, denn offensichtlich hatte er noch nicht die Richtige gefunden. Blöd nur, dass die beiden nun bei allen Gästen bekannt waren und die Reise gerade erst begonnen hatte. Vermutlich haben sie nie wieder in ihrem Leben eine Kreuzfahrt gemacht. Und wenn, dann definitiv nicht zusammen.

Ein anderes Paar hatte auf der Tour ins Schwarze Meer eine Hochzeit gebucht. Standesamtlich waren sie bereits verheiratet und die Trauung an Bord stand auch schon fest. Dennoch wollte der junge

Mann seiner Angebeteten nochmals einen Antrag machen. Mit dem Dönermann seines Vertrauens in der Heimat hatte er arrangiert, dass dessen Cousin in Istanbul auf die beiden warten sollte. Ordnungsgemäß mit Champagner und Geige. Leider konnte unser Schiff aufgrund von politischen Unruhen in Istanbul nicht anlegen. Sehr zum Ärger des künftigen Bräutigams. Auch wenn es nicht die Schuld der Reederei war, versuchten wir nun bordseitig durch besonders viel Aufmerksamkeit, den „Schaden" zu begrenzen. Was gar nicht so einfach war, da sich beide anscheinend vorgenommen hatten, bis zu Ende der Reise durchgehend betrunken zu sein. Das Paar verpasste alle Treffen zur Vorbereitung der Hochzeit und hielt zehn Tage lang die gesamte Crew auf Trab. Nach der Trauung saßen sie in Brautkleid und Anzug an der Poolbar und tranken wieder, was die Bar hergab. Ein schräger Anblick – auch für alle anderen Gäste, die zum größten Teil nur in Bikinis und Badehosen ebendort waren. Das Merkwürdigste an der ganzen Hochzeitsreise aber war, dass das Paar in den letzten drei Tagen ihrer Reise das Outfit nicht mehr wechselte. Man vermutete, dass die beiden in ihrer „Kostümierung" mittlerweile schon schliefen. Das Brautkleid war völlig zerknittert, Anzug und Hut des Bräutigams erinnerten mehr an einen Obdachlosen. Am letzten Urlaubstag legte der Bräutigam plötzlich seinen Hut ab und warf ihn vor die Bar auf den Boden. Eine ältere Dame kam vorbei, schaute die beiden mit einer Mischung aus Mitleid und Ablehnung an, warf eine Münze in den Hut und murmelte irgendetwas Unverständliches. Spätestens jetzt wurde es für die beiden wirklich Zeit, das Schiff zu verlassen.

Manchmal kommt es aber auch vor, dass innerhalb der Besatzung Beziehungen entstehen, die dann tatsächlich vor dem Traualtar enden. Einmal hatten wir ein Tänzerpaar an Bord, die bereits jahrelang zusammen waren. Während einer laufenden Show verschwand der Tänzer plötzlich so geschickt von der Bühne, dass kein Zuschauer etwas ahnte. Der Rest des Ensembles war zwar verwirrt, weil nun die halbe Choreografie nicht mehr stimmte, ließ sich aber nichts anmerken und tanzte fleißig weiter. So plötzlich wie er verschwunden war, erschien der Tänzer auch wieder auf der Bühne. Er hatte vor der Show schnell die Schachtel mit dem Verlobungsring hinter der Bühne versteckt. In einer Szene, in der sich die Tanzpaare kurz anschauen und zueinander drehen, steckte er ihr geschickt diesen Ring an den Finger. Nur anhand ihres so plötzlich überglücklichen Lächelns konnte man erkennen, dass er ihr soeben tanzend und ohne große Worte einen Antrag gemacht hatte. Niemand der Gäste hatte es mitbekommen, nur wir Kollegen, die diese Show schon 123 Mal gesehen hatten und jeden Step theoretisch auswendig mittanzen könnten. Wenn da nur nicht diese komplizierten Verrenkungen wären. Die frisch gebackene Braut strahlte für den Rest der Show über das ganze Gesicht. Die beiden tanzten verliebt bis zum Ende der Show. Backstage gratulierten alle Kollegen fleißig.

Ich erinnere mich auch immer wieder gerne an ein Goldhochzeitspaar, das mir einmal erzählte, wie sie sich vor über 50 Jahren kennengelernt hatten: Er war damals nautischer Offizier auf einem Containerschiff und sie Hostess auf einem anderen Frachter, was für eine Frau in der damaligen Zeit recht ungewöhnlich war. Eine Frau! Und dann noch als Hostess allein in der Welt unterwegs, sowas gab es weiß Gott nicht alle Tage. Wie der Zufall es so wollte, begegneten sich die beiden irgendwo auf der Welt an der Pier, wo ihre beiden Schiffe gegenüberliegend festgemacht hatten. Sie lächelten sich an, aber nichts weiter geschah.

Ein paar Wochen später lagen die Schiffe wieder zusammen, diesmal in einem anderen Hafen. Die beiden begegneten sich erneut im Vorbeimarsch, aber auch diesmal geschah nichts. Dann trafen sie sich ein drittes Mal und weil beide diesen Zufall recht merkwürdig fanden, beschlossen sie, gemeinsam in einer Hafenkneipe einen Kaffee zu trinken. Dabei stellten sie fest, dass sie sich recht sympathisch fanden. Leider trennten sich noch am selben Abend abermals ihre Wege. Die Schiffe legten ab und sie mussten beide wieder raus auf See. Doch das sollte noch längst nicht alles gewesen sein. Es kam zu einem weiteren zufälligen Treffen, wieder ein paar Wochen später. Die beiden begegneten sich erneut an der Pier und beschlossen nochmal zusammen einen Kaffee zu trinken. Der schmeckte noch besser und die gegenseitige Sympathie nahm weiter zu. Aber auch dieses Mal mussten die sie sich noch am selben Abend voneinander trennen und Abschied nehmen, da beide Schiffe wieder umgehend ablegten. Da es damals weder E-Mails noch Internet gab und auch das Schreiben von Schiff zu Schiff per Telegramm oder auf dem Postweg schwierig war, wurden beide sehr, sehr traurig, denn sie fürchteten, dass sie sich vermutlich niemals wiedersehen würden. Doch das Schicksal hatte andere Pläne: Die beiden begegneten sich noch einmal. Er nahm allen Mut zusammen und machte ihr direkt einen Antrag, bevor sich ihre Wege wieder trennten. Und natürlich sagte sie Ja! Der junge Mann fuhr weiter zur See, sie hörte aber nach einigen Monaten als Hostess auf und fand im Hamburger Hafen, im Büro der Container-Schifffahrtsgesellschaft, eine Anstellung. Die beiden konnten sich so wenigstens ein paar Monate im Jahr, immer wenn er seinen Heimaturlaub antrat, sehen und gemeinsam in ihrer kleinen Wohnung an der Elbe ihren Kaffee trinken. Der blieb dann auch nicht ganz folgenlos. Ihr Sohn ist mittlerweile 46. Zur Goldenen Hochzeit begleitete der Sohn gemeinsam mit seiner Frau die Eltern. Auch das junge Paar hatte sich – wie sollte es anders sein – bei der Schifffahrt kennen gelernt. Die beiden feierten am Ehrentag der Eltern ihre Silberhochzeit. Das nennt man dann wohl eine waschechte Seefahrer-Familie.

DRITTE ZÄHNE UND KLAUENDE GÄSTE

Es ist mittlerweile 22 Uhr, ein lauwarmes Sommerlüftchen weht an Deck und der Blick in den sternenklaren Himmel ist einfach nur toll. Thomas und ich machen unseren abendlichen Rundgang über das Schiff. Es ist Poolparty. Tanzen unterm

Sternenhimmel, mitten auf dem Mittelmeer. Was kann es Schöneres geben? Die Stimmung ist entsprechend gut und auch wir genießen den Abend. Als wir beim DJ vorbeischlendern, bleibe ich kurz stehen. „Und, wie läuft´s?", frage ich diesen fast schreiend über die Musik hinweg. „Ganz gut.", antwortet der DJ ebenfalls fast schreiend. „Aber du glaubst nicht, was mir gerade passiert ist." Dabei grinst er bis über beide Ohren.

Eine ältere Dame in Feierlaune, so erzählt er mir, wollte mit einem Musikwunsch die Stimmung zum Kochen bringen. Also ging sie zum DJ, lehnte sich, soweit sie konnte, über sein Mischpult und brüllte: „Ich möchte ein Lied wünschen!" „Na denn ma los!", brüllte unser DJ zurück. „Das von der Hele …" Zusammen mit dem Vornamen der Interpretin rutschten der Dame auf einmal die Schneidezähne aus dem Mund und landeten direkt vor den Füßen des DJs. Offenbar keineswegs überrascht, griff die Passagierin flink nach Ihrem Zahnersatz. Dann bemerkte sie den entsetzten Blick des DJs. „Wollen Sie die so wieder einsetzen? Das ist doch hygienisch bestimmt nicht ganz unbedenklich, oder?", meinte er. „Die würde ich erst mal saubermachen!" Doch die Dame grinste nur, steckte die Zähne wieder in den Mund und antwortete: „Ich lege ein und Sie legen auf." So lustig und schlagfertig sind bei Weitem nicht alle Gäste. Meistens kann ich über die schrägen Sprüche und Verhaltensweisen lachen, manchmal aber auch nur noch den Kopf schütteln ...

Eines Nachts, bei starkem Seegang, gingen die Türen des Shops auf. Gäste, die auf dem Rückweg von der Disco zu ihren Kabinen waren, bemerkten die unabsichtlich „verlängerten Öffnungszeiten" und hatten die glorreiche Idee, nach Herzenslust „shoppen" zu gehen. Dass die Kasse nachts um 4 Uhr nicht besetzt war, schien sie dabei nicht weiter zu stören. Wachsame Crewmitglieder in der Nachtschicht beobachteten allerdings die Plünderung und alarmierten natürlich gleich den zuständigen Manager. Auf frischer Tat ertappt, behaupteten die Diebe dreist, sie hätten gleich an der Rezeption zahlen wollen.

Andere nutzten einen unbeobachteten Moment in der Bar. Bei einem Fehlalarm in der Nacht verließ die gesamte Crew die Diskothek, um sich für den Notfall zu rüsten. Die Gäste zögerten indessen nicht lang und leerten die gesamten Barbestände. Kurze Zeit später kam die Crew zurück, aber die Gäste waren weg – und die Getränke auch.

Besonders dreist versuchte mal ein Rollstuhlfahrer, Zigaretten im Shop zu klauen. Gleich stangenweise steckte er diese zwischen Rücken und Rollstuhllehne. Auch er wurde erwischt. Bei der Durchsuchung seiner Kabine fand man mehrere Stangen gefunden. Noch am selben Tag musste er wegen Diebstahls das Schiff verlassen.

Absolut harmlos, aber zum Totlachen war folgende Situation: Eine chilenische Großfamilie nahm sich im Restaurant einfach mal die ganze Paella-Pfanne vom Buffet mit an den Tisch. Klar, warum auch immer wieder einzeln aufstehen und den Teller voll schaufeln. Alle, Gäste und Personal, trauten ihren Augen nicht.

Für die ganz besonderen Fälle gibt es sogar ein Gefängnis an Bord. Unsere so genannte Gummizelle. Sie befindet sich unter Deck und ist für keinen Gast sichtbar. Das Gefängnis ist tatsächlich nicht gerade schön ausgestattet und hat keinen Meerblick, versteht sich. Blanke Stahlwände, das Klo mitten im Raum und eine Pritsche zum Schlafen auf dem Stahlboden. Wer lautstark in der Zelle protestiert und rumkrakeelt, muss sich darauf einstellen, dass das Licht ausgeknipst wird. Spätestens dann ist endlich Ruhe im Karton. Auch die allermeisten

Crewmitglieder wissen nicht, wo genau sich das Bordgefängnis befindet. Im Grunde kann jeder darin landen, der gröberen Mist an Bord baut. Hierzu gehören besonders: Wilde verbale Ausraster mit der Tendenz zu Handgreiflichkeiten, mutwillige Sachbeschädigung sowie Drogenmissbrauch und der Handel mit Drogen. Die Liste könnte fast unendlich fortgeführt werden. Für alle die jetzt denken: „Nur nicht erwischen lassen!", denen sei gesagt: Überall auf dem Schiff sind Kameras installiert, vergleichbar mit einem Big Brother-Haus. Stellt man sich also nichtsahnend popelnd in den Aufzug, kann man gewiss sein, dass irgendwo eine zweite Person im versteckten Kämmerlein unter Deck sitzt und sich entweder darüber totlacht, ekelt oder synchron mitpopelt. Und wenn keiner auf den Bildschirm schaut, wird es zumindest aufgezeichnet. Auf jeden Fall ist man weniger allein, als man denken mag.

Eine Gruppe Gäste an Bord, die prädestiniert dafür ist, Mist zu bauen, sind bekanntermaßen die Teenager. Auch wenn es nicht immer für die Gefängniszelle reicht, treiben sie gern ihr Unwesen, beginnend bei schriftlichen Verewigungen in den Aufzügen und Treppenhäusern bis hin zu noch stärkerer Sachbeschädigung. So kamen in einer sternklaren Nacht, inmitten einer Atlantiküberquerung, ein paar angetrunkene Halbstarke auf die geniale Idee, das rote Sofa aus der Bücherei über Bord zu werfen. Was für ein super Einfall! Das ist nicht nur Sachbeschädigung, sondern auch Umweltverschmutzung. Als Belohnung für ihre geniale Tat, durften sie sofort im nächsten Hafen das Schiff verlassen. Eigentlich wäre die Reise an dieser Stelle auch für die Eltern zu Ende gewesen, doch die einigten sich schnell mit ihren fast schon erwachsenen Jungs darauf, sich ihren verbleibenden Urlaub nicht verderben lassen zu wollen. Und so saßen die beiden Halbstarken dann allein im Zug zurück nach Haus, wo die Großeltern sie mit einem strengen Hausarrest erwarteten. Die Eltern blieben an Bord und machten sich noch ein paar schöne Tage. An dem verursachten Schaden und der Strafe zahlen sie wahrscheinlich noch heute.

Andere wiederum versuchen, aus diversen Getränke-, Schokoladen- oder Spieleautomaten des Casinos die letzten Cent-Stücke herauszupressen. Dafür wird dann gern mal mit der blanken Faust auf den Automaten gehämmert. Und falls die Moneten noch immer nicht herauspurzeln, kommt gern mal ein gewaltiger Fußtritt hinzu, das Ganze gefolgt von einem japanischen Karate-Befreiungs-Kampfschrei. Spätestens jetzt spuckt der Automat alle noch vorhandenen Reste aus seinem tiefsten Inneren heraus, völlig zerdeppert und zerbeult und erst mal werkstattreif geprügelt. Auch bei diesem Delikt kommen die allseits beliebten Kameras zum Einsatz. Schnell ist jeder Täter mit hieb- und stichfestem Beweismaterial gefasst.

Einer der wenigen Orte an Bord, der für alle Ewigkeit frei von Kameras bleiben wird, ist die Sargkammer. Eine Art doppelter Kühlraum. Wer es bis dorthin geschafft hat, könnte sich also als unbeobachtet bezeichnen, auch wenn es nun keine Rolle mehr spielt. Absolute Stille gibt es selbstverständlich gratis obendrauf!

Lustig wird die Kamerabeobachtung besonders dann, wenn Liebespärchen sich nachts heimlich im Whirlpool treffen. Der Sicherheitsdienst freut sich immer über so anregende Unterhaltung. Allerdings peinlich und nicht ganz ohne Folgen ist es dann, wenn ein Crewmitglied mit seiner charmanten Begleitung glaubt, es sich ebenfalls auf dem Passagierdeck gemütlich machen zu können. Im Idealfall ist diese natürlich ein Gast, was streng verboten ist. Wird ein Kollege bei einem solchen Techtelmechtel mit Passagieren erwischt, folgen zumindest unangenehme Gespräche mit dem Vorgesetzten. Dazu kommen natürlich disziplinarische Maßnahmen, im allerschlimmsten Fall die Kündigung. Also gilt bei der Crew der gute Vorsatz: Finger weg von den Gästen und immer schön brav sein.

DIE ASCHEWOLKE

Am nächsten Tag legen wir um 8 Uhr in Civitavecchia an, einem kleinen Hafen, etwa eine Stunde von Rom entfernt. Fast alle Gäste haben Ganztagestouren in die ewige Stadt gebucht. Als ich mit Thomas eine Runde übers Deck drehe, scheint das Schiff wie ausgestorben. „Das ist ja echt heftig, wie viele Gäste hier rausgehen. Ist ja wirklich so gut wie niemand mehr an Bord", bemerkt Thomas erstaunt. „Und die paar Leute, die an Bord geblieben sind, haben nun endlich mal so richtig Ruhe und das ganze Pooldeck für sich allein", antworte ich. Dabei kann das auch ganz anders ausgehen ...

Der ein oder andere mag sich sicherlich noch daran erinnern, als auf Island ein Vulkan namens Eyjafjallajökull (gesprochen Ai-ja-fjah-dla-jo-kudl ... oder so ähnlich) so viel Asche in die Luft gepustet hatte, dass binnen weniger Stunden die Flughäfen europaweit gesperrt wurden. Die meisten Leute werden das Naturschauspiel wahrscheinlich im Radio oder Fernsehen mitverfolgt haben, andere wiederum waren selbst von dem Dilemma betroffen. Sie mussten entweder – noch bevor der Urlaub starten konnte – wieder vom Flughafen zurück nach Hause fahren oder kamen aus dem Urlaub nicht mehr zurück, weil der Flieger ausfiel. Nur wenige schafften es vielleicht noch mit dem Bus, dem Mietwagen oder der Bahn.

Wir befanden uns zum Zeitpunkt der Aschewolke auf Mallorca und hatten sowohl Drei- als auch Vier-Tagestouren im Angebot, die An- und Abreise jeweils nach beziehungsweise ab Palma de Mallorca. Einige Gäste hatten auch beide Touren gebucht und machten eine Woche Urlaub an Bord.

Mit einem voll ausgebuchten Schiff liefen wir also früh morgens am Tag der Aschewolke im Hafen von Palma ein. Am Vormittag wurden die meisten unserer abreisenden Gäste planmäßig zum Flughafen gebracht. Leider flog hier nur noch eine einzige letzte Maschine nach Deutschland ab, danach war Stillstand. Nichts rührte sich mehr. Und dasselbe Desaster ereignete sich auch bei der Ankunft: Insgesamt konnten nur noch drei Maschinen auf der

Insel landen. Die Gäste, die genau in diesen drei Maschinen saßen, wurden zum Schiff gebracht und dort an Bord eingecheckt. Alle anderen Angemeldeten: Fehlanzeige.

„Nichts geht mehr!" hieß es überall. Die Menschen kamen nicht mehr von der Insel weg und wir an Bord mussten uns Alternativen für unsere Gäste überlegen, die nun nicht mehr nach Hause fliegen konnten. Nur was?

Die Medien berichteten, dass der gesamte europäische Flugverkehr erst mal bis zum nächsten Tag gesperrt bleiben sollte. „Wir werden unsere Gäste zunächst einmal in den Hotels auf der Insel unterbringen", kam dann die rettende Nachricht vom Reiseveranstalter. Dazu ist dieser sogar gesetzlich verpflichtet. Bucht ein Kunde eine Pauschalreise, also Unterkunft und Flug zusammen als Paket, steht ihm in einem besonderen Fall wie der Aschewolke eine Übernachtung mit Frühstück zu. Die Telefone liefen heiß. Hotels wurden organisiert, um circa 2.000 Gäste unterzubringen, die die Insel nicht verlassen konnten. Es gelang sogar, die Pauschalgäste größtenteils in denselben Hotels unterzubringen. Geteiltes Leid ist ja bekanntlich halbes Leid! Zusätzlich wurde pro gebuchtem Hotel je ein Mitarbeiter vom Schiff als Ansprechpartner, oder vielmehr Seelenklempner, eingeteilt. Für einige unserer individuell reisenden Gäste, die also Unterkunft und Flug in Eigenregie gebucht hatten und die nun vor demselben Problem standen, konnte ebenfalls ein Aufenthalt in Hotels organisiert werden, auf deren eigene Rechnung, versteht sich. Und während dieser ganzen grandiosen Organisation checkten die paar Gäste ein, die es hierher geschafft hatten – nach Mallorca aufs Schiff. Zusätzlich kamen auch noch die paar Gäste an, die bereits vorher ein paar Tage auf der Insel geurlaubt hatten. Und über uns die Aschewolke.

Am selben Abend legten wir mit etwa genauso vielen Gästen wie Besatzungsmitgliedern ab. So etwas hatte es noch nie gegeben. Ausnahmezustand nun erst mal für drei Tage.

„In drei Tagen wird der Spuk vorbei sein und bis wir wieder auf Mallorca sind, wird alles seinen normalen Gang gehen", spekulierten wir an Bord optimistisch. Es herrschte gute Stimmung. Diejenigen Gäste, die es aufs Schiff geschafft hatten, genossen den ganzen freien Platz bei schönstem Wetter. „Wie sieht es denn aus in den Hotels? Wie ist die Lage? Geht es Gästen und Besatzung soweit gut?", fragten wir unseren Veranstalter am nächsten Tag. „Die Kollegen werden vor Ort auseinandergenommen. Man braucht natürlich einen Sündenbock für dieses Ungetüm aus Island, und da müssen nun unsere Leute in den Hotels herhalten. Ein paar Gäste sind aber auch entspannt und zeigen Verständnis", hieß es.

Doch dann kam die schlechte Nachricht: Immer noch keine Entwarnung! Der Luftverkehr bliebe weiterhin geschlossen. Oh je, die armen Gäste und Kollegen auf der Insel!

„Wir werden den Aufenthalt in den Hotels für unsere Gäste um eine weitere Nacht verlängern. Die individuell gebuchten Gäste können entscheiden, ob sie das Angebot annehmen möchten oder sich andere Alternativen aussuchen wollen", entschied das Management die weitere Vorgehensweise. Das war wirklich großzügig: Eigentlich wäre vertragsgemäß nach einer Nacht mit Frühstück Schluss gewesen.

Auch der zweite Tag der Aschewolke neigte sich langsam aber sicher dem Ende. Unsere Gäste an Bord waren zwar immer noch recht entspannt und guter Dinge, doch so langsam tauchten die ersten

Fragen auf: „Morgen ist unsere Reise zu Ende. Wir haben einen Flug zurück nach Hause. Meinen Sie, der Flieger geht morgen überhaupt?" Oder: „Ich muss morgen unbedingt fliegen, ich hab´ Termine! Sie wissen doch bestimmt mehr als wir." Oder auch: "Wenn ich morgen nicht fliegen kann, darf ich dann umsonst noch eine Runde mitfahren? Ich kann ja nichts dafür, wenn die Flughäfen gesperrt sind!" Leider wussten wir als Besatzung genauso viel wie unsere Gäste, und die Prognosen für den kommenden Tag standen auch eher schlecht als recht.

Tag 3 der Aschewolke: Der Luftraum blieb weiterhin geschlossen. Das bedeutete für uns: Große Krisensitzung. Was nun? Die Entscheidung fiel notgedrungen zügig: Alle pauschal gebuchten Gäste der Vorreise und der aktuellen Reise konnten gegen einen Aufpreis in zwei Tagen an Bord des Schiffes ans französische Festland gebracht werden, um von dort aus mit Bussen zu den Heimatflughäfen gebracht zu werden. Sollten dann final immer noch Plätze an Bord zur Verfügung stehen, so könnten auch die individuell gebuchten Gäste dieses Angebot wahrnehmen. Hierzu wurden zwei Regeln aufgestellt:

Regel Nummer 1: Wer zuerst am Schalter steht und eingebucht wird, kann noch am Abend die Insel verlassen.

Regel Nummer 2: Es wird pro Bett, und nicht pro Kabine verkauft. Egal, ob es sich hierbei um eine Innenkabine, Balkonkabine oder Suite handelt. Mehrbettkabinen werden voll bestückt. Egal, ob sich die Menschen vorher kannten oder nicht.

Wir näherten uns der Insel und waren kurz vor dem Anlegen auf Mallorca. Ich stand an der Reling und traute meinen Augen nicht: Menschenmassen bevölkerten die Pier und das Terminal. Sie winkten und grölten. Was für ein Empfang! Und das bereits so früh am Morgen! Alle jubelten uns regelrecht zu. „Endlich, ein Schiff! Bringt uns hier weg! Rettung naht!" Es waren mehrere Hundert Menschen, wenn nicht sogar Tausende.

Das Schiff legte an, die Gangway wurde ausgefahren, das Terminal für den Check-In vorbereitet. Noch waren die Türen verschlossen, doch die Menschen trommelten schon an die Scheiben und wollten unbedingt zu uns. „Aber das sind doch gar nicht unsere Gäste. Wer sind die da draußen?", fragte einer unserer Mitarbeiter verwirrt. „Das sind irgendwelche Urlauber, die schnell von der Insel wegwollen. Wir warten aber erst mal auf unsere Gäste, die jeden Augenblick mit unseren Mitarbeitern hier aufschlagen sollten!"

Der erste Bustransfer rollte an. Menschenmassen grölten, als würde die Nationalelf vorfahren. Zum Glück bekamen wir alle unsere Passagiere durch einen Hintereingang ins Terminal. „Wir müssen vor dem Schiff an der Pier Spalier stehen. Sicherlich nehmen uns die Gäste gleich richtig auseinander!" Schnell bauten wir uns zum Empfangskomitee auf, etwa 40 Mitarbeiter standen parat.

„Wir sind wieder da! Gott sei Dank!", riefen die ersten auch schon, die durch unser Spalier liefen. „Schön, dass ihr uns wieder mitnehmt!" „Endlich raus aus dem Hotel und in Sicherheit! Ihr bringt uns nun aufs Festland und dann nach Hause!" Unsere Gäste kamen an Bord und fielen uns dankbar um den Hals, es war unglaublich! Und auch die Gäste, für die die 3-Tagetour heute eigentlich geendet hätte, entschlossen sich größtenteils, doch wieder bei uns mitzufahren. Entweder, weil sie so überwältigt waren von der netten Begrüßung und den vielen erleichterten und frohen Menschen, die gerade wieder das Schiff betraten oder vor lauter

Schreck, als sie die Meute draußen vor dem Terminal sahen.

Wir checkten ein, was ging. Rekordverdächtig! Vor dem Schiff lief ein älteres Ehepaar verwirrt umher und beschwerte sich bei mir: „Wir haben gerade wieder eingecheckt und mussten mit Entsetzen feststellen, dass wir gar nicht mehr auf unserer Suite eingebucht wurden, sondern nun mit fremden Leuten auf einer Innenkabine schlafen sollen. Das geht so nicht! Wir möchten sofort wieder in unsere Suite gebucht werden! Tun Sie was!"

Tja, Regel Nummer 1 und 2 wurden jedem Gast beim Einchecken erklärt, dieses Paar hatte wohl nicht richtig zugehört oder zuhören wollen. „Entschuldigen Sie bitte," antwortete ich freundlich. „Aber das war das Angebot. Damit wir so viele Gäste wie nur möglich an das französische Festland und mit Bussen zu den Heimatflughäfen bringen können, geht es nicht anders." „Das ist nicht ihr Ernst!", wetterte der Herr nun los. Ich konterte gelassen: „Wenn Sie ihr Bett nicht mehr möchten, können Sie es auch gern wieder abgeben. Da draußen stehen ein paar Tausend Menschen, die ihr Bett sofort nehmen, sobald es frei wird." Der ältere Herr drehte sich um und sah die Schar verzweifelt dreinschauender Menschen. Dann wurde er ganz still. Die Situation schien ihm jetzt erst klar zu werden. Denn uns ging es vor allen Dingen darum, so viele Leute wie nur irgend möglich von der Insel weg zu befördern.

Und falls sich jemand schon die ganze Zeit die Frage stellen sollte, warum wir nach Frankreich gefahren sind: Der Hafen von Barcelona wäre zwar wesentlich schneller erreichbar gewesen als das französische Festland, doch dorthin waren bereits viele andere Schiffe unterwegs und alle Busse, Mietwagen und Zugverbindungen restlos ausgebucht. Viele Menschen versuchten zudem mit den Fähren an das spanische Festland zu gelangen, aber auch hier schien es kaum noch Plätze zu geben, sonst hätten nicht so viele Menschen hier bei uns an der Pier gestanden.

Nach einer gefühlten Ewigkeit erhielten wir schließlich die Freigabe, ab 18 Uhr alle Betten, die noch frei bleiben sollten, an die Menschen zu verkaufen, die schon den ganzen Tag draußen warteten. Und damit uns nicht schon vorher das Terminal eingerannt würde, gingen wir raus, in das Getümmel, um die Leute aufzuklären, wie nun weiterhin verfahren werde. „Um 18:00 Uhr geben wir

Ihnen Bescheid, ob noch Plätze frei sind!", riefen meine Kollegen und ich in die Menge. „Vielleicht haben Sie Glück, vielleicht sind wir aber bis dahin auch ausgebucht. Das können wir im Moment noch nicht so genau sagen!"

„Ich muss unbedingt mit!", rief schrie jemand aus der Menge. „Mein Mann liegt im Sterben!" „Und bei mir ist die Schwiegermutter verstorben!" „Mein Hund ist krank!" „Meine Frau erwartet ein Kind!" Plötzlich hatte jeder der Wartenden wichtige Gründe, warum ausgerechnet er oder sie mitfahren musste. „Immer mit der Ruhe. Heute Abend um 18:00 Uhr können wir Ihnen sagen, ob noch was frei ist", antwortete ich ruhig, aber bestimmt.

Die Uhr tickte. Es war kurz vor 18:00 Uhr. Dann die Nachricht: Wir sind ausgebucht. Alle Betten voll. Bis obenhin. Nichts mehr frei. Oh je, und das nun der Meute da draußen verklickern … Mit vereinten Kräften machten wir uns auf den Weg, die gar nicht frohe Botschaft zu verkünden. Alle starrten uns erwartungsvoll an. „Liebe Leute, gleich ist es 18:00 Uhr. Wir sind leider ausgebucht, es ist nichts mehr frei. Es tut uns leid, aber alle unsere Gäste haben sich entschieden, wieder mitzufahren." Ein Raunen ging durch die Menge. Manche fingen sogar an zu weinen. Viele von ihnen hatten den ganzen Tag in der Hitze auf Rettung gewartet. Und nun war die ganze Warterei umsonst gewesen. Hätte jemand Tomaten oder faule Eier zur Hand gehabt, wir wären garantiert beworfen worden. So viele wütende, verärgerte und enttäuschte Gesichter.

„Kommt rein, wir legen ab!", rief unser erster Offizier von der Pier und wir machten uns auf den Weg. Die erleichterten Gesichter unserer Passagiere begegneten uns hier an der Reling. Wir stachen in See mit einem vollgepackten Schiff voller dankbarer Menschen. Die Stimmung an Bord war einzigartig. Geteiltes Leid ist halbes Leid. Das merkten wir auch hier. Das Schiff glich einer schwimmenden Jugendherberge und so entstand ein ganz ungewöhnlicher Zusammenhalt zwischen den unterschiedlichsten Menschen. Es war fantastisch! Alle hatten sich lieb, die nächsten beiden Tage bis nach Frankreich waren einfach großartig.

Dann war es soweit: Morgens früh, fünf Uhr, Ankunft auf dem französischen Festland. Wir legten an, mit lautem Getröte über das Typhon. Menschenmassen standen an der Reling, um das Anlegemanöver live mitzuerleben. Unzählige Busse fuhren vor und erwarteten unsere Gäste mit einem

Hupkonzert, um sie endlich nach Hause zu bringen. Als wir fest waren, gab es großen Applaus. Endlich hatten wir wieder festen Boden unter den Füssen!

Mit Megaphonen bewaffnet begaben wir uns in Arbeitsteams raus zu den Bussen. „Hier entlang!", rief ich durch die Flüstertüte. „Alle Gäste zum Düsseldorfer Flughafen bitte in Bus neun und zehn einsteigen!" Nach zwei Stunden waren alle Gäste weg. Bei jeder Abfahrt eines Busses trötete der Kapitän nochmal persönlich das Typhon, gefolgt von seiner Durchsage: „Tschüss, ihr Lieben! Auf Wiedersehen und eine gute Heimreise!"

KINDERMUND TUT WAHRHEIT KUND

Mittlerweile ist es Nachmittag geworden und Thomas und ich haben weiterhin gute Fortschritte im Büro gemacht. Er ist durchgeschwitzt, mal wieder. So langsam frage ich mich, ob Thomas an einer Schweißdrüsenüberfunktion leidet. Oder ist er einfach permanent nur aufgeregt? Soviel kann doch keiner trinken, wie der wegschwitzt! „Lass dir ab der nächsten Reise gleich mal einen extra Stapel weiße Offiziershemden in der Wäscherei geben", rate ich ihm. „Gute Idee. Ich gehe mal eben mein

Hemd wechseln." Thomas grinst und verschwindet.

Als wir uns wieder treffen, eröffne ich ihm: „Wir gehen jetzt zur Fragestunde in den Kinderbereich, wo die Kids uns Offiziere löchern dürfen und Fragen zum Schiff stellen." „Kids? Heute im Hafen von Rom? Hier sind doch kaum Gäste an Bord. Warum macht man so was nicht an einem Tag, an dem viele Kinder da sind?", fragt Thomas erstaunt. „Weil die meisten Eltern bei Ganztagestouren ihre Kinder in der Betreuung anmelden – für den ganzen Tag. Die Kinder haben meistens eh keine Lust, durch eine laute, miefige Stadt zu laufen. Da bleiben sie lieber hier mit den anderen Kindern. Der Tag ist dafür super", erkläre ich ihm.

Daraufhin machen wir uns auf den Weg zu den Kindern. Meist sind die Fragen, die die kleinen Gäste dann später stellen, vorher gut überlegt. Gerade größere Kids haben oft schon ganz spezifische Fragen, die ihnen sicherlich vorher Papa ins Ohr geflüstert hat: „Wie viel Kraftstoff wird getankt?", fragt da der große, kräftige Junge mit den roten Haaren und den Sommersprossen in der letzten Reihe. „Wie tief ist das Wasser?", will ein kleines Mädchen in der ersten Reihe wissen. „Welche Unterwäsche trägt der Kapitän?", kommt von der linken Seite. Das weiß ich! „Captain Blaubär Unterwäsche hat er immer an", antworte ich stolz. „Und passend dazu hat er auch seine Bettwäsche." Die Kinder kichern.

„Was wollt ihr sonst noch wissen?", frage ich weiter. „Wie hoch ist das Schiff?" „Wie groß?" „Wie viele Treppenstufen gibt es?" „Wie viele Fenster?" „Aufzüge?" „Pools?" „Und, wie viele Fische wohnen im Wasser?" So geht das die ganze Zeit. Eine Auflistung von Zahlen, die man nach kürzester Zeit einfach nur erfinden muss, weil es niemand wissen kann.

„Aus wie vielen Schrauben wurde das Schiff zusammengeschraubt?", fragt ein kleiner Junge. „Aus gar keiner." Alle schauen mich an. „Ein Schiff wird geschweißt - aus 100.000 Einzelteilen. Da machen alle große Augen. „Wie schwer ist das Schiff?", fragt ein anderer. „Dreiunddreißigtausend Tonnen. Das ist so viel wie dreiunddreißigtausend afrikanische Elefanten mit Hut auf dem Kopf!", antworte ich, damit die Kinder wenigstens eine annähernde Vorstellung von so einem Gewicht haben.

„Wann schläft der Kapitän eigentlich, wo er doch immer das Schiff fahren muss?", fragt ein Mädchen. „Gute Frage. Er hat ganz viele Helfer auf der Brücke, die auch alle das Schiff fahren können. Wenn der Kapitän sich mal zum Schlafen hinlegen will oder auf die Toilette muss, dann fahren die anderen", antworte ich. Irgendwann werden aus den Fragen keine Fragen mehr, sondern wildes Durcheinander-Gebrabbel. „Wie alt bist du?" „Wo wohnst du?" „Guck mal, ich habe einen Teddy." „Und ich habe eine Katze zu Hause!" Spätestens jetzt ist der Zeitpunkt gekommen, die Fragestunde abzubrechen und mit den Kindern zusammen ein Eis essen zu gehen.

„Ganz schön laut bei den Kleinen. Mann, Mann!", bemerkt Thomas. „Das wäre kein Arbeitsplatz für mich. Den ganzen Tag diese Lautstärke. Das ist richtig anstrengend. Auch für die Betreuer." „Oh ja", antworte ich. „Es gibt viele Gäste und leider auch immer wieder Eltern, die regelrecht entnervt sind von den Kindern." Gerade in den Ferienzeiten rennen die Kids oft wild über das Schiff und gehen so manchem Gast gehörig auf den Keks. Ein älterer Herr kam einmal völlig aufgewühlt auf mich zu: „Hören Sie mal! Sie sind doch von der Crew. Sind denn immer so viele Kinder an Bord? Das ist ja nicht auszuhalten. Und wie laut die sind! Unmöglich! Dass die Eltern da nichts sagen. Gibt es denn kein Schiff in der Flotte, das kinderfrei ist? Oder können Sie nicht einfach ein paar davon wegsperren?" Tja, wie soll man darauf antworten? Vielleicht mit: Woran haben sie mich als Crewmitglied erkannt? An der Uniform? Oder: Sie sind bestimmt als Erwachsener auf die Welt gekommen, was? Ich entschied mich für den höflichen Hinweis auf die momentane Ferienzeit, erklärte ihm, dass wir ein kinderfreundliches Schiff und die Kleinen immerhin unsere Gäste von morgen sind. Mit einem Augenzwinkern fügte ich hinzu: „Wir waren doch alle mal klein. Hätten Sie es da nicht auch genossen so durch die Gänge zu poltern?" Und weil ich das, selbst erstaunt über meine eigene Freundlichkeit, so charmant rübergebracht hatte, ging es dem älteren Herrn gleich wieder besser. Er zwinkerte zurück und antwortete mit gerade angefeuchteten Lippen: „Oh ja, da haben Sie wohl recht. Was haben Sie denn heute Abend noch so vor?" Na toll, das hatte ich nun von meiner Freundlichkeit! Ich verabschiedete mich schnell mit den Worten, dass ich nun noch so einige Arbeit im Büro zu erledigen hätte und machte mich schleunigst aus dem Staub.

Manchmal allerdings sind Kinder tatsächlich ein bisschen nervig. Nämlich genau dann, wenn sie anfangen, sich wie zu Hause zu benehmen. Oder wenn ...

… sie im Aufzug auf alle Knöpfe gedrückt haben und unsere erwachsenen Gäste, die gerade noch bei Kaffee und Kuchen saßen, auf dem Weg zum Abendessen bis in alle Ewigkeit am Fahrstuhl warten müssen. Zu Fuß wären alle mindestens doppelt so schnell gewesen!

… sie an alle Türen auf einem Deck klopfen und wegrennen.

… sie während einer Show laut ihren Papa fragen: „Duuuu, warum ist die Frau auf der Bühne so dick und warum schreit die so?"

Es gibt allerdings auch Kinder, die auf dem Schiff regelrecht in den Kids Club abgeschoben werden. Zum Beispiel, wenn Papa eine neue Freundin hat und eigentlich nur mit dieser eine heiße Reise an Bord verbringen möchte. Der kleine Knirps landet indes jeden Tag bei der Kinderbetreuung. Besonders traurig ist es, wenn der Kleine jeden Morgen allein zur Betreuung trottet, den Kopf schon gen Boden gesenkt, und beim Eintreten fragt: „Wie lange muss ich denn heute bleiben?" „Wieder mal den ganzen Tag", lautet leider viel zu häufig dann die Antwort. „Dabei leiht sich Papa heute mit seiner blöden neuen Kuh ein Boot aus. Ich wäre doch sooo gern mitgefahren. Dann könnte ich bestimmt auch mal das Boot lenken. Schließlich will ich mal Kapitän werden." Da wird es einem schon ganz anders, wenn so ein Dreikäsehoch dann so traurig vor einem steht.

Klar könnte man dem Papa ganz simpel und freundlich die missliche Lage erklären und ihn bitten, seinen Sohn doch ab und zu auch mal mit auf einen Ausflug zu nehmen. Allerdings wird das dann wieder ganz schnell so ausgelegt, als ob die freundliche Kinderbetreuung die Kinder gar nicht im Programm haben möchte und lieber schnell in den Feierabend geht. In dem besonderen Fall entschieden wir uns trotzdem, mit dem Vater zu sprechen und ihm die Situation zu erklären. Und offenbar zeigte dies auch eine gewisse Wirkung. Der Kleine war die kommende Woche jedenfalls nicht mehr im Betreuungsprogramm zu sehen. Wenn wir ihn dann im Laufe der Reise mit Papa und der blöden Kuh an seiner Seite irgendwo an Bord getroffen haben, hat er uns mit strahlenden Augen erzählt, dass sein Papa ihn jetzt überall mit hinnahm und sie gemeinsam tolle Sachen machten. Und dass die blöde Kuh auch gar nicht so blöd ist.

Andererseits schaffen es aber auch Kinder, es sich manchmal mit ihren Eltern zu verscherzen. Was immer gern passiert, sind großzügige Limonade-Runden oder Eis für alle neuen Freunde, die Kinder ja im Urlaub sehr schnell finden. Dafür wird ganz schnell mal Papas Konto überzogen. Wir erleben regelmäßig, dass plötzlich verdutzte Eltern mit Nachwuchs an der Rezeption stehen und eine Übersicht über ihre bisherigen Ausgaben an Bord verlangen, um sich ein Bild davon zu machen, wer wann und wo welche Einkäufe getätigt hat.

Einmal hatten wir ein Mädchen namens Nina an Bord, sieben Jahre alt und Tochter eines Gastkünstlers, der für diese Reise engagiert worden war. Nina lernte schnell andere Kinder kennen und spielte die meiste Zeit mit diesen. Da jeder Gast an Bord, so auch die Kinder, sich mit ihrer Bordkarte auf dem Schiff ausweisen müssen, hatte dieses Mädchen ihre Karte immer dabei. Dass die Karte aber gleichzeitig auch Zahlungsmittel für alle erdenklichen Souvenirs oder ein Bier an der Bar sein kann, hatte die Kleine bei ihrem Vater gesehen. Immer dann, wenn er sich etwas bestellte, zückte er seine Karte und schon stand ein frisch gezapftes Bier vor seiner Nase.

Nun gibt es an Bord hier und da Automaten, an denen man sich zwar keine Zigaretten, aber ein paar Schokoriegel, Getränke oder Knabberzeug kaufen kann. Nina war mittlerweile meist mit einer größeren Gruppe Kids unterwegs. Ganz schnell hatten die Rabauken den Snack-Automaten entdeckt. „Da gibt es Bifi! Super! Wir wollen auch eine!", riefen alle durcheinander. „Wer zieht? Ich hab meine Karte nicht dabei", so der Älteste. Die kleine Siebenjährige meldet sich: „Ich kann das machen! Ich hab meine Karte hier." Und schon zog Nina Bifis aus dem Automaten, bis keine mehr drin war. Alle freuten sich und bissen genüsslich in ihre miefigen Mini-Salamis. „Super, danke! Das ist aber lieb von dir!", bedankten sich alle bei der Kleinen, die sich natürlich königlich freute.

Kurze Zeit später erhielt der Vater einen Anruf von der Rezeption. „Äh, hallo. Wir wollten nur mal kurz Bescheid geben, dass deine Tochter für 70 Euro am Automaten eingekauft hat. Ist das OK so? Ansonsten limitieren wir die Bordkarte", fragte die Rezeptionistin. „Waaas?" Ninas Papa fielen fast die Augen aus dem Kopf. „Meine Tochter hat für 70 Euro ... na das gibt's doch wohl nicht! Danke für die Info. Das kläre ich erst mal." Dass es Bifis für alle waren, erfuhr er später von seiner Tochter. Der

Kleinen war natürlich nicht klar gewesen, was der Spaß ihren Papa am Ende gekostet hat. Und er hatte Glück, dass man ihn an Bord kannte, der Rezeption die ungewöhnliche Buchung aufgefallen war und man ihn sofort informiert hatte. Wer weiß, was die Kleine ihren Freunden sonst noch spendiert hätte!

GEFANGEN IM PLÜSCHTIERAUTOMATEN

Ein kleiner Junge namens Max kam allein an einem Spielzeugautomaten an Bord vorbei. Die Art von Automaten, bei dem man mittels Greifarm Plüschtiere herausfischen kann – mit viel Glück und Geschick versteht sich. Er sah dort drin einen kleinen grünen Dinosaurier sitzen, den er unbedingt haben wollte. Leider hatte Max kein Geld dabei, auch keine Bordkarte, und versuchte nun, an den Dinosaurier auf der anderen Seite der Scheibe zu gelangen. Leider vergeblich. Plötzlich entdeckte er im unteren Bereich des Automaten eine Klappe, aus der normalerweise das Kuscheltier rauskommen würde, wenn man es denn geschafft hätte, mit besagten Greifarm zu erwischen. Max drückte gegen die Klappe und schaute hinein. Da er selbst sehr schmal und klein war, krabbelte er kurzerhand durch den Spalt zwischen Klappe und Metallboden des Automaten ins Innere. In Nullkommanix stand er aufrecht zwischen vielen süßen Kuscheltieren und suchte nach seinem Dinosaurier. Freudestrahlend nahm er ihn in den Arm und wollte mitsamt seiner Beute wieder zurück. Doch das ging leider nicht mehr. Die Klappe, durch die er gekrochen war, ließ sich nur zu einer Seite hin öffnen. Mit seinem Dino im Arm stand er nun den Tränen nahe zwischen all den Kuscheltieren und geriet so langsam aber sicher in Panik. Da tauchte plötzlich sein älterer Bruder auf und sah den kleinen Max im Automaten stehen. Er versuchte ihn durch die Scheibe zu beruhigen versicherte ihm, Hilfe zu holen. In Windeseile rannte er an die Rezeption. „Mein Bruder steckt fest! Ich brauche Hilfe!", rief er. Die Rezeptionistin wurde blass. In Gedanken ging sie alle Orte durch, an denen ein kleiner Junge feststecken könnte. Da sie nicht hinter ihrem Tresen hervorkommen konnte, um dem Jungen selbst beizustehen, rief sie mich an und bat mich, schnell zu kommen. Noch bevor ich weitere Fragen stellen konnte, zog mich der Bruder auch schon von der Rezeption weg zum Ort des Geschehens. Dort angekommen, brauchte es keine weiteren Erklärungen. Ein heulender Max saß mutterseelenallein mit einem Dino im Arm im Spielzeugautomaten.

„Wie bist du da denn reingekommen?", fragte ich ihn wirklich sehr erstaunt. Zugegebenermaßen musste ich mir gleichzeitig aber auch ein Lachen verkneifen. Wie ein Äffchen im Käfig hockte er da. „Reingeklettert", murmelte Max auf der anderen Seite der Scheibe. „Da unten durch." Max weinte zwar mittlerweile nicht mehr, aber er war immer noch verunsichert. „Die Klappe geht nur von einer Seite auf, die andere Seite lässt sich nicht öffnen", stellte ich nach einer kurzen Inspektion fest. „Ich schaue mal, wen ich noch zu Hilfe holen kann." Ich schnappte mein Telefon und fing an zu telefonieren.

Nach etwa zehn Minuten kamen drei Männer von der Besatzung: ein Schreiner, ein Schweißer und ein Kollege von der Security. Da das Casino Team den Schlüssel des Automaten auf die Schnelle nicht ausfindig machen konnte, brachen die drei nun mit einem Ruck den Automaten auf. Max und Dino waren endlich frei. Auf den Schrecken durfte sich Max gleich noch einen Freund für Dino aus dem Automaten mitnehmen. Eine Belohnung für den großen Bruder und Retter in der Not war natürlich auch noch drin. Glück gehabt – das war nochmal gut gegangen! Ob die beiden ihr Abenteuer wohl jemals ihren Eltern gebeichtet haben?

PEINLICH, PEINLICH

Am späten Nachmittag stehen Thomas und ich an der Reling um ein bisschen frische Luft zu schnappen, nachdem wir die ganze Zeit im Schiffsinneren verbracht haben. Ein Blick auf die Pier verrät, dass die ersten Gäste aus Rom zurückkommen. Eine ellenlange Schlange bildet sich an der Gangway. „Schon wieder diese Massen, Wahnsinn!", bemerkt Thomas. „Und wie viele Tüten die alle dabeihaben! Als hätten sie ganz Rom leer gekauft!" „Machen viele auch. Du kannst dir gar nicht vorstellen, was die Leute so alles mit an Bord bringen", füge ich hinzu.

Ein besonders schönes Beispiel für kuriose Mitbringsel habe ich mal kurz vor dem Auslaufen von Palma de Mallorca erlebt: Es war ca. 17 Uhr und unser Schiff sollte in einer Stunde ablegen. An der Gangway drängelten sich, ähnlich wie heute, die mit Shoppingtüten bepackten Gäste. Genau wie ich standen zahlreiche Passagiere an der Reling oder auf ihren Balkonen, genossen die Abendsonne und blickten noch einmal auf den Hafen und die Zurückkehrenden. In der Schlange vor der Gangway bemerkte ich ein Pärchen, das noch am Abend zuvor in der Disco mit ihrem lederbetonten Outfit und ihrem ziemlich „hemmungslosen" Geknutsche gegen die gute Kinderstube einiger Mitreisender verstoßen hatte. Auch diese beiden schienen von einem echten Shoppingmarathon zurückzukommen. Jeder trug einen Rucksack und schätzungsweise vier bis fünf Einkaufstüten.

Auf Anweisung der örtlichen Behörden musste an diesem Tag die Gepäckkontrolle bereits vor der Gangway stattfinden. Das bedeutete: Längere Wartezeit und dadurch noch mehr Menschen in der Schlange als sonst an solchen Tagen. Durch diese improvisierte Gepäckkontrolle konnten nun die Gäste, die sich bereits an Bord befanden, die Ware der Mitreisenden bestaunen und bewerten. Offensichtlich hatten die Behörden es versäumt, irgendeine Form der Diskretion durch Sichtblenden oder Separees zu gewährleisten.

Als das besagte Pärchen an der Reihe war, mussten auch diese sich einer Gepäckkontrolle unterziehen. Zum einen, weil der Metalldetektor seine Zuverlässigkeit durch lautes Piepsen unter Beweis stellte, zum anderen, weil auch die einheimischen Sicherheitsbeamten anscheinend ein auf Erfahrung basierendes „Täterprofil" verinnerlicht hatten. „Open the bag", rief einer der beiden nicht besonders freundlich schauenden Männer. „Take out everything!" Die folgende Situation war an Peinlichkeit kaum noch zu überbieten: Mit einiger Schamesröte in den Gesichtern holte das Pärchen die frisch eingekauften Gegenstände aus seinen Einkaufstüten. Unter dem Gelächter der Anwesenden kam ein breites Spektrum an Sex-Toys zum Vorschein, die man in dieser Größe eher nicht zum Einsatz an der menschlichen Gattung zuordnen würde. Auch am Blick der Sicherheitskräfte konnte man ablesen, dass dieser Fund das Alltägliche bei Weitem toppte.

Ich stand zu diesem Zeitpunkt auf Deck 11, geschätzte Entfernung zur Sicherheitskontrolle: 100 Meter. Und selbst aus dieser Entfernung konnte ich ohne Weiteres erkennen, dass es sich unter anderem um die Nachbildung eines äußerst gut durchbluteten, männlichen Körperteils handelte und nicht um das Holzbein von Captain Ahab. Größe und Umfang schienen allerdings identisch zu sein. Logischerweise war das Pärchen nach dieser unfreiwilligen Show-Einlage auf dem ganzen Schiff bekannt. Dem mitgereisten Swingerclub war dieser Zwischenfall letztlich sogar ausgesprochen zuträglich, wie sich später noch herausstellen sollte. Von den anderen anwesenden Zuschauern galt vor allem den Eltern an dem Tag mein vollstes Mitleid – erklären doch Sie mal Ihrem Fünfjährigen, was man mit dem oben beschriebenen Holzbein denn so alles spielen kann.

Deutlich weniger zu lachen hatte da ein anderer Passagier auf einer Reise in die Karibik ...

RUFEN SIE DIE POLIZEI!

Eines Winters verbrachten wir fünf wunderbare Monate in der Karibik. Es gibt wirklich Schlimmeres, als bei durchschnittlichen 30 Grad täglich Palmen und Strände zu sehen. Das fanden auch unsere Gäste, die fleißig unsere Schiffsreisen buchten, um dem ungemütlichen Winter in Deutschland zu entkommen. Die Route führte uns durch die karibische Inselwelt und unter anderem auch in den Hafen Ocho Rios auf Jamaika. Wir waren am Morgen das einzige Schiff, das an der Pier festmachte. Die meisten Gäste hatten Ausflüge gebucht, ein paar von ihnen machten sich aber auch individuell auf zur Erkundungstour.

So auch ein junger Herr, eher etwas schüchtern, mit Brille und offensichtlich allein an Bord. Er hatte sich vorgenommen, einen entspannten Tag am Strand zu verbringen. Er nahm sich ein Taxi am Hafenausgang und ließ sich in eine schöne Bucht bringen. Wie an den meisten Stränden dieser Welt, gab es auch hier jede Menge Strandbuden und Verkäufer. Die Palette von Pareos, Schmuck oder Drinks schien schier unendlich. Doch hier auf Jamaika war ein „Souvenir" ganz besonders begehrt: ein frisch gedrehter Joint, pflückecht von der Marihuana-Plantage nebenan.

Die Crew würde sich niemals trauen, einen solchen zu kaufen, denn der Konsum von Drogen ist ein sofortiger Kündigungsgrund. Hierfür ist es übrigens egal, ob an Bord oder zu Hause geraucht, ein Joint lässt sich bis zu drei Monate später noch nachweisen. Und wenn herauskommt, dass jemand von der Besatzung erst kürzlich einen durchgezogen hat, winkt der Zettel mit den Worten „fristlose Kündigung". Dann ist Koffer packen schneller angesagt, als man denkt. So was leistet sich nur jemand, der wirklich nach Hause möchte und nicht selbst kündigen will.

Von diesen Regeln wusste unser Gast natürlich nichts und irgendwelche Folgen schienen ihm auch ziemlich egal zu sein. Es ging ihm so richtig gut nach der Tüte und er dachte auch nicht eine Sekunde daran, dass er etwas Verbotenes im Schilde führen könnte. Schließlich, so seine Vorstellung, sind doch alle Bewohner Jamaikas Kiffer – denkt man bloß an Bob Marley and the Wailers oder an all die am Strand rumhängenden Hippies und Rastafari mit ihren Dreadlocks.

"Ey, ya man, my friend! You are from Germany? My best friends all Germans, ya man!" Die Strandverkäufer lachten, verbrachten den halben Tag mit ihm am Strand und plauderten gemütlich. „Endlich nicht mehr allein, endlich Freunde gefunden!", freute sich unser Gast, die Augen hinter den Brillengläsern mittlerweile schon rot und kullerrund gekifft. Am späten Nachmittag verabschiedete er sich schweren Herzens von seinen neuen Freunden, da das Schiff bald ablegen würde. Als Dank für den amüsanten Tag schenkte ihm sein „Dealer" noch eine Tüte Gras, dann brachte ihn der Taxifahrer zurück zum Schiff.

Kurz vor dem Hafeneingang gab es noch eine lokale Kontrolle, bei der vier vollbusige Jamaikanerinnen die Rucksäcke der Gäste kontrollierten. „Luggage, pleeese!", sagte die dickste der Damen im routinierten Tonfall. Schließlich legte das Schiff ja bald ab und gefühlten 2.000 Gästen hatte sie heute bereits denselben Auftrag erteilt.

„Was wollen Sie?", fragte der junge Mann. „Ich verstehe Sie nicht! Nix verstehen inglisch!" Hinter ihm bildete sich schon eine Schlange Passagiere, die ebenfalls darauf warteten, dass die jamaikanischen Walküren ihre Rucksäcke kontrollierten. Auch ich stand kurz hinter unserem Kiffer und wartete darauf, dass es endlich weiterging. Ich musste immerhin in spätestens 30 Minuten wieder wie aus dem Ei gepellt im Büro sitzen.

„Luggage, pleeeeeeeese!", antwortete die dicke Kontrolleurin nochmal genauso monoton wie zuvor und zeigte auf die Tasche des Herrn. „Ah, Sie wollen meine Tasche sehen. OK, warum sagen Sie das denn nicht gleich?", antwortete er kichernd und reichte ihr bereitwillig seine Habseligkeiten. Die Dame durchwühlte mit gekonnten Handbewegungen die Tasche, fühlte in jedes Fach und verzog dabei das Gesicht in allerlei Richtungen. Irgendwann fixierte ihr Blick ungerührt das Gesicht unseres bekifften Gastes und sie förderte das Tütchen Gras zutage. „This is not allowed", erklärte sie mit strengem, genervtem Blick und hielt dabei das Tütchen immer noch hoch. „You will go to prison for that."

„Das hab ich doch gerade noch von meinen Freunden geschenkt bekommen, Ya Man!", antwortete der Gast grinsend. „Geil, oder? Jetzt bin ich so wie ihr! Ihr kifft doch auch den ganzen Tag."

„THIS", wiederholte die Sicherheitsbeamtin nochmals klar und deutlich "is NOT allowed. YOU will go to prison for that." Ihr Tonfall war keinesfalls mehr höflich und ihr Blick alles andere als angenehm. Auch die Gäste in der Wartereihe hinter dem Herrn wurden so langsam unruhig. „Police!", rief die Kontrolleurin jetzt ihren Kolleginnen zu. „Police, please call them. This man is DANGEROUS."

Plötzlich schien unser bekiffter Gast zu begreifen, dass irgendwas nicht stimmte. Nachdem er das Wort „Police" gehört hatte, dämmerte ihm, dass das Tütchen wohl doch nicht so harmlos war. Die dicken Damen kamen hinter dem Kontrolltresen hervor, packten ihn an den Armen und hielten ihn fest. „Halt! Stopp!", rief er laut, sichtbar nervös und versuchte, sich aus den festen Griffen zu befreien. Bei der Frauenpower jedoch schier unmöglich. „Was soll das? Warum halten Sie mich hier fest?", wetterte er los, richtig schockiert über die Maßnahmen. Die Schlange an Gästen hinter ihm an der Kontrolle wuchs und wuchs – und damit natürlich auch die Anzahl an Gaffern, die nun an dem Schauspiel teilhaben durften.

Ich hatte die ganze Zeit über in der Reihe hinter ihm gestanden. Nun schaltete mich ein – immerhin war er einer unserer Gäste, der da gerade offensichtlich in eine äußerst unangenehme Situation geraten war. „Hallo!", rief ich und schritt nach vorn in die erste Reihe zu den dicken Sicherheitsbeauftragten, die mich nur mit heruntergezogenen Mundwinkeln und strafendem Blick ansahen. „Hallo! Ich gehöre zur Crew vom Schiff und ich glaube, Sie haben gerade ein größeres Problem", sprach ich auf Deutsch unseren Kiffer an. Dann wandte ich mich auf Englisch an die dicken Damen: „This man is a passenger from our cruise liner and I think that he doesn't understand a word you say. I can translate!" (Dieser Herr ist ein Passagier unseres Schiffs und ich glaube, dass er kein Wort versteht. Ich kann übersetzen)

Die Menge hinter uns glotzte die ganze Zeit wie die Ölgötzen und wartete eigentlich nur darauf, dass endlich irgendwas passierte, damit es bei der Handgepäckkontrolle weiterging. Da tauchten auch schon zwei jamaikanische Polizeibeamte auf. Sie packten unseren jungen Brillenträger an den

Armen und zerrten ihn davon. „Halt!", schrie er. „Halt, wohin bringen Sie mich denn?" hörte ich aus schon circa dreißig Meter Entfernung. „Take her also with you, she knows the man!", rief eine der Security-Damen einem der Polizisten hinterher und zeigte dabei auf mich. „You", der Blick war auf mich gerichtet. „You come with us and you will translate", befahl mir der Polizist laut und deutlich. Waaas? Ich? Aber warum? Übersetzen? „Oh Mann", dachte ich, „ich hab doch gar keine Zeit ..." Da packte mich jemand bereits am Arm und führte mich grob zu einem Polizeiwagen. Nun schauten der Gast und ich ziemlich doof aus der Wäsche, doch es war auch niemand in Sicht, der uns hätte zu Hilfe eilen wollen – verständlicherweise. Hätte ich auch nur geahnt, dass die Geschichte mit einem Abtransport zur nächsten Wache oder sogar in den jamaikanischen Knast führte, hätte ich zuvor meinen Mund gehalten. Andererseits konnte ich unseren naiven Gast ja auch nicht einfach seinem Schicksal überlassen.

Die Fahrt dauerte keine zehn Minuten und verlief äußerst schweigsam. Der Kiffer und ich saßen auf der Rückbank hinter der Gittertrennscheibe, der Blick der Beamten ruhte die ganze Zeit durch den Rückspiegel auf uns. Wir trauten uns nicht, auch nur einen Mucks von uns zu geben. Dann waren wir endlich da. Wir wurden aus dem Polizeiwagen in die Wache geschoben und auf zwei Holzstühle verfrachtet. Dann begann das Verhör. Dem Gast wurden jede Mengen Fragen gestellt, die er natürlich alle nicht verstand. Ich übersetzte für ihn. „Warum haben Sie das Zeug gekauft? Wer hat es Ihnen verkauft? Kennen Sie die Regularien auf Jamaika und wissen Sie, was passiert, wenn jemand beim Kiffen erwischt wird?"

„Nein, ich hatte keine Ahnung, dass man auf Jamaika nicht kiffen darf. Ich dachte, hier gelten ähnliche Regeln wie in Holland. Ehrlich!" Er erzählte mir die ganze Geschichte. „Keine Ahnung, die Typen haben Armbänder verkauft und sahen aus wie allen anderen. Ich wollte einfach nur ein bisschen unter der Palme liegen und mit netten Leuten plaudern. An Bord spricht doch niemand mit mir. Ich habe mir gar nichts dabei gedacht. Es tut mir so leid! Wenn ich das alles gewusst hätte, würden wir nun nicht hier sitzen, es tut mir soooo leid!" Er war völlig verstört und ängstlich, dann fing er heftig an zu weinen. „Ich bereue das so und habe solche Angst, nun ins Gefängnis zu müssen! Hier auf Jamaika, das sind doch sicherlich keine guten Zustände! Bitte sagen Sie das den Beamten!", stotterte er vor sich hin. Ach du liebe Güte. Der war völlig fertig und konnte einem wirklich leidtun. Dummheit muss bestraft werden, aber an in diesem Fall hatte der Gast seine Lektion längst gelernt.

Ich übersetzte wieder für die beiden Polizisten, die völlig verdattert auf das Häufchen Elend vor ihnen starrten. Die Vermutung, in jamaikanischen Gefängnissen herrschten keine guten Zustände, ließ ich bei meiner Übersetzung aus, dafür klimperte ich noch extra mit meinen Wimpern. Vielleicht half das ja. Außerdem musste ich schleunigst zurück an Bord! Mein Dienst hatte soeben angefangen und sicherlich wurde ich schon vermisst. Niemand ahnte, dass ich gerade auf der Polizeiwache war. Außerdem legte das Schiff bald ab. Wir mussten hier so schnell wie möglich hier weg.

Die beiden Beamten berieten sich in einer, so schien mir, eigenen Sprache im jamaikanischen Slang. Der eine schien sauer zu sein und wurde zwischendurch immer wieder laut, der andere redete dagegen ruhig auf ihn ein und versäumte es nicht, ständig seinen Blick auf uns beide gerichtet zu halten.

Endlich, nach einer gefühlten Ewigkeit, kamen die beiden zurück. Der ruhigere von ihnen verkündete:

„OK, we bring you back to the ship now. And we will never see this man back on our island. Do you understand?" Diesmal war sein Blick auf den verheulten Gast gerichtet. „Was will er von mir? Wo soll ich hin? Was soll ich machen?", fragte er panisch und schaute hilfesuchend zu mir. „Wir werden nun zurück zum Schiff gefahren, vorausgesetzt, dass Sie sich niemals mehr auf der Insel blicken lassen", übersetzte ich. „Ist das wahr?", fragte er. Worauf ich mit einem sarkastischen „Ya Man!" antwortete. Sein noch feuchtes Tränengesicht zeigte plötzlich ein breites Grinsen. „Aber freuen Sie sich nicht zu früh, sonst überlegen sich die beiden das nochmal anders", fügte ich hinzu. „OK, verstanden", seine Mundwinkel klappten wieder zurück. „Let's go!", mahnte der Beamte. Wir stiegen in den Polizeiwagen und wurden zum Schiff zurückgefahren.

„Vielen, vielen Dank!", bedankte sich der Gast tausendfach bei mir. „Wären Sie nicht da gewesen, würde ich nun vermutlich in einem dunklen Rattenloch in der hintersten Ecke im jamaikanischen Knast hocken. Sie haben mir das Leben gerettet!" „Ja, das glaube ich wohl auch!" lachte ich. „Es ist ja nochmal alles gut gegangen. Machen Sie solche Dummheiten bloß nie wieder!", gab ich ihm noch mit und flitze so schnell ich konnte an meine Arbeit.

DIE DROGENDEALERIN UND ANDERE MISSVERSTÄNDNISSE

Ein anderes Mal konnte ich wieder durch meine Englischkenntnisse eine Passagierin aus der Patsche befreien. Diese war glücklicherweise tatsächlich völlig unschuldig.

Die Einreise nach Amerika ist ja bekanntermaßen auch für Touristen nicht einfach. Muss man im Flugzeug ewig lange Fragebögen ausfüllen, so kommt auf einem Kreuzfahrtschiff sogar eine mehrköpfige Delegation der Einwanderungsbehörde zum so genannten „Face Check". Jeder einzelne Gast muss hierfür höchstpersönlich mit seinem Reisepass erscheinen und sich von den Beamten zumindest einmal tief in die Augen schauen lassen. Manchmal reicht das nicht aus, es werden zusätzlich noch ein paar Fragen gestellt. In der Regel, was man so in Amerika vorhabe und wie viel Bargeld man denn wohl mitnehme. Als ich eines Tages als Face Check-Helferin eingeteilt war, trat eine junge Dame vor das Einwanderungskommitee. Nach den üblichen Fragen und dem interessierten Blättern im Reisepass fragte der Beamte: „What do you do for a living?" Die Dame schaute ratlos. „Job? What's your job?" Sie schien zu verstehen, schaute aber nicht weniger ratlos. Offensichtlich suchte sie nach Worten. „I ... I ... äh", stammelte sie. „I deal with drugs." Dem Beamten entgleiste das Gesicht. Mit seinen vollen zwei Metern Körpergröße baute er sich hinter seinem improvisierten Schreibtisch auf. „You do WHAT?" Schnell sprang ich ihr zur Seite. „No, no, no", rief ich hektisch. „This is a misunderstanding!" Und zu meiner Passagierin gewandt: „Richtig, oder? Das ist doch ein Missverständnis? Was arbeiten Sie?" „Ich bin Apothekenhelferin!" Zum Glück ließ sich das kleine Malheur schnell aufklären. Die junge Frau wird die korrekte englische Übersetzung (pharmacist's assistant) vermutlich ihr Leben lang nicht mehr vergessen. Und wahrscheinlich sorgte der Vorfall nicht nur bei uns in der Crew noch am Abend für ein einige Schmunzler. Zu gern würde ich wissen, was der Beamte am Abend seiner Frau von diesem Tage mit den „crazy Germans" erzählt hat.

Doch nicht nur fehlende Englischkenntnisse sorgen für rote Köpfe und Gelächter an Bord. Dass viele Kollegen gar kein Deutsch sprechen, macht nicht nur die Zusammenarbeit in den Teams schwierig.

Einmal bestellten Gäste vor Reisebeginn über das Internet eine Torte. In der Textzeile des Formulars vermerkten sie, dass sie ein Tortenbild zur Dekoration mitbrächten. Dies notierte der Küchenchef auf dem Hinweiszettel für die Küche. Leider bekam ein philippinischer Kollege den Auftrag, die Torte zu dekorieren. Er malte peinlich genau die ihm unbekannten Buchstaben ab und am Abend des Geburtstages wurde die Torte mit dem Schriftzug „Gäste bringen ein Tortenbild mit" und dem Tortenbild hochkant danebenstehend serviert.

Oder immer wieder gern: Italienisch! Nicht, dass an Bord besonders viel Italienisch gesprochen würde, aber, ebenfalls im A-la-carte-Restaurant, bestellte ein Gast – dem Dialekt nach aus dem Rheinland stammend – mit vollster Überzeugung in der Stimme: „Für misch, einmal die Spaghetti mit Kotze." Anscheinend war der zuständige Kellner noch sehr jung und unerfahren, hatte sich zudem an diesem Abend wohl nur wenig mit der Tageskarte beschäftigt. „Bitte was?", fragte er verdattert. „Na hier", der Gast deutete in die Karte. Spaghetti con Cozze alla Veneziana stand dort geschrieben. „Ah, gute Wahl, gute Wahl", versuchte der Kellner die Situation zu retten. In der Küche ließ er sich dann aufklären: „Cozze ist Italienisch und heißt Miesmuschel, du Koffer!", raunzte ihn der Küchenchef an. Der Rüffel hatte gesessen. Doch als unser Kellner die

Geschichte abends in der Crewbar zum Besten gab, konnte auch er über seine Unwissenheit lachen.

Am Abend verabrede ich mich mit Thomas am Aufzug, damit wir uns gemeinsam auf den Weg ins Theater machen können. Im Aufzug treffen wir dabei auf ein paar Gäste, die dieselbe Idee haben. Alle freuen sich, dass zwei Crew-Mitglieder mitfahren und bombardieren und gleich mit jeder Menge Fragen.

„Ist das immer so, wenn man in den Aufzug einsteigt?", fragt Thomas. „Die Gäste können sich ja gar nicht bremsen, Fragen zu stellen oder Kommentare abzugeben." „Ja, so ist das. Im Aufzug kann man immer was erleben", gestehe ich ihm.

Eine Kollegin und ich standen einmal im Fahrstuhl und wollten gerade nach unten fahren als eine Österreicherin hinein gesprungen kam. „Fotzenaufoda Fotzenunta?" Wir guckten uns verständnislos bis entsetzt an. Sie wiederholte ihre Frage. Auf unsere weiterhin verständnislosen Blicke fragte sie: „Fostehts ihr mi?" Erst langsam dämmerte uns, dass sie „Fahrt ihr hinauf oder fahrt ihr hinunter?", gefragt hatte. Thomas amüsiert sich wieder.

„Im Crewaufzug begegnen einem aber auch so manche Gestalten", erzähle ich weiter. Eines Tages traf ich dort einen kleinen asiatischen Koch. Völlig verängstigt drängte er sich in die hinterste Ecke, als ich in den Aufzug stieg. Bis dato wusste ich überhaupt nicht, dass man vor MIR Angst haben müsste. „Hello!", grüßte ich ihn freundlich. „Hello Madame", flüsterte er leise und schüchtern, ich konnte ihn kaum verstehen. Seine Kochmütze war größer als er selbst. O je, der arme Kerl war wohl neu an Bord und total aufgeschmissen. Wahrscheinlich war er noch nie zuvor auf einem so großen Schiff und offensichtlich furchtbar aufgeregt. Der Aufzug hielt an. Mein neuer Kollege stieg aus und schaute dabei die ganze Zeit beschämt auf den Boden. „Bye bye, have a nice day!", säuselte ich ihm extra freundlich hinterher. Er sollte sich ja schnell wohlfühlen und merken, wie freundlich wir hier alle sind. Beim Rausgehen erhaschte ich einen kurzen Blick auf sein Namensschild. ADONIS! Wie konnte ein so schüchternes und schmächtiges Männlein nach dem Gott der Schönheit und außerdem des Geliebten von Aphrodite benannt werden? Ich sah den Kollegen kurz fassungslos an und dachte über einen eventuellen Zusammenhang nach, verließ dann aber ergebnislos den Aufzug.

Thomas und ich erreichen das Theater. So langsam füllen sich die Sitzreihen, es geht gleich los. „Habe ich dir eigentlich schon erzählt, dass wir neben dem Ensemble auch ab und zu Gastkünstler an Bord haben? Um die musst du dich auch kümmern. Die meisten sind pflegeleicht und reine Selbstläufer. Man kann aber auch Pech haben."

DIE SCHLECHTESTE SHOW ALLER ZEITEN

Auf einer Weihnachtsreise hatten wir einmal einen Gastkünstler an Bord, den noch niemand kannte. Er war auf seiner ersten Kreuzfahrt und hatte seine Nichte als Begleitung mitgebracht. Sein Metier: die Zauberei. Er sollte am Heiligen Abend vor der großen Gala seine erste Show spielen, als Warm-Up sozusagen. Vorab gab es noch eine kleine Durchlaufprobe, die aber eher dazu diente, Gegenstände, die er in den Händen hielt oder auf die Bühne stellte, richtig auszuleuchten.

Abends um 20:30 Uhr versammelten sich die ersten Gäste im Theater. Alle waren aufgeregt, inklusive mir, denn ich durfte den Kollegen als einen ganz speziellen Gast ankündigen, der uns extra und nur auf dieser Weihnachtsreise beehrte. Unter vorfreudig donnerndem Applaus verzog ich mich von der Bühne und stellte mich hinter die Sitzreihen der Zuschauer. Dieses Highlight wollte ich natürlich nicht verpassen.

Dann begann die Show. Hoch dramatische Musik dröhnte durch die Lautsprecher. Lichtkegel flitzten über die Bühne und durch das Publikum, die Spannung stieg. Alle warteten auf den Zauberer. Nach ewig scheinenden Minuten näherte sich das Musikstück dem Ende. Immer noch fuhren die Scheinwerfer wie suchend über die leere Bühne. Im Publikum sah man immer mehr ratlose Gesichter. Da sprang plötzlich ein Mann im Osterhasenkostüm auf die Bühne. „Guten Abend und: MERRY CHRISTMAS!", rief er fröhlich. Ich machte ein paar Schritte zur Seite um einen Blick auf die Gesichter der Zuschauer erhaschen zu können. Blankes Entsetzen. „Ich bin, ääääh ... Zauberer. JA! Der bin ich! Wie geht's, wie steht's? Gut geschlafen? Schon gegessen? Mann, ist das toll hier ..." redete er wirr durcheinander. Über seine Aufmachung verlor er kein Wort. Dann wurde eine Kiste auf die Bühne gefahren. „Ah, es geht ja schon los", freute sich der Zauberer. „Ich bitte nun meine Assistentin Annika auf die Bühne! Annika, wo bist du?" Ich konnte es nicht glauben: Annika war seine Nichte! Von einer

Assistentin auf der Bühne war zuvor keine Rede gewesen. Der Osterhase steckte Annika also am Heiligen Abend in die Kiste und begann, sie umständlich zu zersägen. Dabei brabbelte er unaufhörlich unverständliche Dinge. So langsam wurde es unruhig im Theater. Die ersten Gäste begannen zu tuscheln, einige standen sogar auf, um sich an der Bar mit Getränken zu versorgen. Minutenlang drehte und wendete der Osterhase Annika im Zauberkasten. Steckte hier und dort kurz die Säge in die viel zu breiten Schlitze – ohne auch nur ansatzweise so zu tun als zersäge er seine „Assistentin" tatsächlich. Das Publikum rutschte unruhig auf seinen Plätzen hin und her. Immer mehr verließen den Saal. Es wurde getuschelt, gemurmelt und hörte ich dort erste leise Buhrufe? Der Zauberer lief weiter planlos um die Kiste herum. Als er dabei gegen eine Ecke am unteren Ende stieß, drehte sich auf einmal der aus der Öffnung guckende Holzfuß um 180 Grad und hing nun unmotiviert mit der Spitze nach unten aus dem Loch. Jetzt reichte es mir. Ich begab mich, zutiefst schamerfüllt, in den Technikraum und verlangte ein Mikrofon.

Dieses Dilemma musste ein Ende haben. „Liebe Gäste", meldete ich mich aus dem Off. Auf die Bühne kriegten mich keine zehn Pferde mehr. „Wir müssen die Show wegen eines technischen Defekts leider abbrechen. Wir bitten um Entschuldigung und melden uns zur Gala um 21:30 Uhr wieder zurück." Das war´s. Ein verdutzter Osterhase stand neben Annikas fragend aus der Kiste herausschauendem Kopf auf der nun dunkel werdenden Bühne. Gezaubert wurde auf dieser Reise auf jeden Fall nicht mehr.

Manchmal gibt es aber auch Gäste, die der Meinung sind, sie seien als Gastkünstler prädestiniert. So hatten wir beispielsweise an einem Abend eine tolle Show, bei der unsere Solisten gemeinsam auf der Bühne standen und die besten Party-Songs der 70er Jahre präsentierten. Alle Gäste schwoften mit, bis auf einmal wie aus dem Nichts zwei mindestens zwei Meter große, als Ernie und Bert aus der Sesamstraße verkleidete Gestalten auf die Bühne hüpfen. Sie drängen sich zwischen die Darsteller, tanzten und packten den ein oder anderen Tänzer unterm Arm, um mit ihm Ringelreihe zu tanzen. Darsteller und Gäste waren völlig entsetzt. Ich nicht weniger! Die ganze Choreographie, die ganze Show wurde plötzlich zur Farce. Wir brachen die Show ab und ich musste die Rüpel von der Bühne holen. Die beiden Jungs, die in den Kostümen steckten, entpuppten sich als völlig besoffene Passagiere. Sie fanden ihre Aktion total lustig. Nicht aber der Rest der Gäste und erst recht nicht unsere Protagonisten auf der Bühne. Die Show wurde einen Tag später wiederholt. Die Jungs hatten zu dem Zeitpunkt das Schiff bereits verlassen. Bis heute frage ich mich, wie die beiden diese megagroßen Kostüme überhaupt an Bord gebracht haben.

WO SCHWIMMEN DIE BREITENGRADE UND WELCHE FARBE HAT DER POLARKREIS?

Am nächsten Tag, kurz vor dem Auslaufen aus Livorno, findet nachmittags das große Cocktail-Shaken auf dem Pooldeck statt. Für viele Gäste das Highlight schlechthin! Denn nicht etwa die Barkeeper mixen dort fleißig die leckersten Drinks, sondern uniformierte Offiziere. Thomas und ich dürfen diesmal einen Stand zusammen betreuen. Das bedeutet auch, dass Thomas endlich einmal eine richtige Offiziersuniform anziehen darf. „Wow, ein richtiger Offizier!", begrüße ich ihn, als er ins Büro kommt. „Nun darfst du gleich an Deck in der prallen Sonne einmal probeschwitzen", necke ich ihn. „Ja, das befürchte ich auch", antwortet Thomas. „Schon ein komisches Gefühl, in so einem Kostüm zu stecken. Aber sicherlich gewöhnt man sich nach ein paar Tagen dran."

Wir gehen raus an Deck und treffen dort die anderen Kollegen. Viele Gäste haben sich eingefunden, der DJ sorgt für Musik. Dann geht es los. Wir werden über das Mikrofon angekündigt, stellen uns hinter den uns zugewiesenen Cocktail-Stationen auf und shaken, was das Zeug hält. Thomas' Hemd ist nach kürzester Zeit schon fast durchsichtig geschwitzt, aber das war ja klar. Plötzlich ertönt eine Durchsage von der Brücke und der Kapitän meldet sich zu Wort: „Liebe Gäste, herzlich willkommen zurück an Bord! Wir haben gerade abgelegt und nun das offene Meer erreicht, da begleitet uns auch schon eine Delfinschule auf der Backbordseite. Wenn Sie also mögen, schauen Sie doch einfach mal in Fahrtrichtung links. Ihnen einen schönen restlichen Nachmittag auf See!" Das Gewusel an Deck beginnt. Alle stürzen gleichzeitig auf die Backbordseite. Schräglage bekommen wir deshalb aber nicht.

Wir hören erst mal auf zu shaken. „Sag mal, das ist ja schon ganz schön heftig, wie viele Leute losstürzen, wenn der Captain so eine Durchsage macht.", bemerkt Thomas. „Das stimmt", grinse ich. „Die Gäste rennen immer dorthin, wo es gerade anscheinend was zum Gucken gibt. Und mitmachen wollen sie auch überall."

An anderen Seetagen, an denen wir durch besondere Gewässer kreuzten, spielten sich ähnliche Szenarien ab. Nicht etwa kotzende Passagiere an der Reling waren Grund dafür, sondern schlicht und ergreifend wieder eine Durchsage von einem ganz bestimmten Crewmitglied an Bord: dem Kapitän. „Liebe Gäste, hier spricht ihr Kapitän", schallte es durch die Lautsprecheranlage. „Sicherlich haben sie schon die ganze Reise über auf diesen Augenblick gewartet. Wir überqueren gerade den 15. Breitengrad. Das bedeutet, dass wir noch heute Nacht die Uhren um eine Stunde voraus stellen werden. Die Durchschnitts-Außentemperatur liegt derzeit bei 28°C, die Wassertemperatur ebenfalls bei 28°C. Ich wünsche Ihnen weiterhin einen schönen Seetag! Ihr Kapitän."

„Boah, geil! Der 15. Breitengrad! Den müssen wir fotografieren!" „Schau mal, ob du was sehen kannst!" „Ab an die Reling, das ist das Highlight!" Die Gäste waren außer Rand und Band, Ellbogen krachten gegen Speckhüften, jeder wollte den besten Platz an der Reling ergattern. Gerade noch spielte Tom vom Animationsteam Volleyball mit sage und schreibe vier Mannschaften. Nun stand er allein auf dem Volleyballfeld und fragte sich, was da so spannend sein sollte. Die Antwort: Nichts! Einfach gar nichts war spannend am 15. Breitengrad. Auf dem Wasser sah alles genauso aus wie vorher auch, kleine Schaumkronen wippten gleichmäßig hin und her, das Schiff verdrängte einige Tausend Tonnen Wasser, wiegte sich dabei geschmeidig hin und her und das Meer rauschte dazu im Takt. „Na toll, man sieht ja gar nichts", tönte es enttäuscht von allen Seiten. Und eigentlich war es ja absolut klar. Jeder wusste es insgeheim, wollte es nur nicht wahrhaben und nun stand man da wie ein dummes Schaf in der Herde von Gleichgesinnten. „Liebe Gäste", ertönte es da noch einmal durch die Lautsprecher. „Wie Sie sehen, sehen Sie nichts." Durchsage beendet, mit einem Lacher hintendran vom Kapitän höchstpersönlich. Hätte nur noch gefehlt, dass er am Ende ganz einfach „Verarscht!" gesagt hätte. Die Gäste nahmen es mit Humor. Immerhin ist es ja ihr Kapitän, und der darf sich auch mal einen Scherz erlauben.

Ähnliches spielt sich bei der Überquerung des Äquators, des Atlantiks oder des Polarkreises ab. Mit dem kleinen Unterschied, dass hier tatsächlich was passiert und diese Überquerungen regelrecht zelebriert werden. So zum Beispiel die Transatlantik-Taufe, intern auch als Trans-Taufe bekannt. Über den Tiefen des Atlantiks, 4.000 Meter Wasser unter uns, wird dieses Spektakel bereits Tage im Voraus gut vorbereitet und geplant. Die Werbetrommel wird fleißig gerührt, alle denkbaren Medien werden genutzt, um so viele Gäste wie möglich dazu zu bewegen, bei diesem Spaß mitzumachen. Endlich ist es dann soweit: Nachmittags schreitet Neptun, gespielt von einem verkleideten Crewmitglied, über das Pooldeck. Gefolgt von Meerjungfrauen, Nixen, Delfinen, Buckelwalen, Miesmuscheln und Pottwalen. Er schwingt eine feierlich geschwollene Rede, bis er, mit einer Klobürste in der Hand, seine Position am Rande des Pools erreicht. „Verehrte Festgemeinde", fährt er mit tiefer Stimme fort, „diese Klobürste ist mein eigens aus Algen und Meerespflanzen gefertigter Taufstab. Erhalten Sie nun von mir und meinen Gehilfen Ihren wohlverdienten Namen und lassen Sie sich taufen. Sie werden es nicht bereuen und bis in alle Ewigkeit einen einzigartigen Meeresnamen tragen." Das ganze Pooldeck jubelt Neptun zu. Es ist mittlerweile voll mit taufwütigen Gästen. „Kommet zu mir, meine Kinder!", fordert Neptun die Gäste auf. „Und nehmet zuerst einen Happen und einen Trunk zur Reinigung und zur Stärkung auf, damit ihr meinen Segen mit richtiger Meereswürde empfangen könnt."

Auf der Bühne am Pool haben mittlerweile die Delfine, Miesmuscheln und Pottwale gemeinsam mit den Buckelwalen ein ekelerregendes Buffet aufgebaut. Denn wer den heiligen Segen von Gott Neptun erhalten möchte, muss vorher eine Würgereiz erregende Algensuppe kosten, mindestens eine ganze Kelle voll. Anschließend wird ein toter, dumm glotzender und schon etwas miefiger, großer Fisch geküsst. Igitt! Und zum Schluss gibt es dann noch einen widerlich stinkenden kotzgrün gefärbten Trunk mit kleinen Stückchen von irgendwas drin. Jedenfalls müffelt die Brühe gewaltig nach Fisch. Hiervon gibt es gleich einen ganzen Becher voll. Wer all das überstanden hat und sich noch nicht übergeben musste, hat es geschafft. Würgend und sich den Bauch haltend, darf man nun von Neptun den Trans-Taufen-Segen erhalten. „Ich taufe dich auf den Namen Petra der Pottwal." Oder „Anna die Alge", „Lukas der Lampenfisch", „Thomas der Tintenfisch". Die Namen lassen sich endlos fortführen. Dann fügt er hinzu: „Und nun tauche unter." Im Pool muss der Täufling noch einmal kurz abtauchen. Anschließend wird die Klobürste einmal durch das Gesicht gezogen. Die Wassernixe neben Neptun notiert sich schnell noch den neuen Namen. „Du bist nun getauft. Als Beweis dafür darfst du dir heute Abend deine Taufurkunde abholen."

Wow! eine Taufurkunde gibt es sogar dafür! Deshalb macht man das Ganze ja schließlich, um zu Hause von dem großen Spektakel erzählen zu können. Dass alles gar nicht so schlimm war, man einen neuen Namen erhalten hat und ab jetzt bis in alle Ewigkeit nur noch „Monika die Miesmuschel" heißt. Und am Ende des Tages gibt es beim Abendessen wieder jede Menge zu erzählen. Wer fand was am ekligsten und warum, wem brennen immer noch die Augen von der Klobürste im Gesicht.

Wer also jemals eine Reise über den Atlantik plant, sollte dieses Highlight auf keinen Fall verpassen, egal ob als Täufling, Zuschauer oder Fotograf – dabei sein ist Pflicht!

APRIL, APRIL

Auf ein ganz besonderes Highlight freuen wir von der Crew uns aber noch etwas mehr als auf die Neptun-Taufe: den 1. April. An diesem einen Tag im Jahr ist es tatsächlich gestattet, einen Scherz auf Kosten der Gäste zu veranstalten. Ein immer wieder beliebter Streich ist die große Delfinfütterung. Schon am Vorabend in der Bordzeitung und durch die Lautsprecher als großes Highlight angekündigt, dürfen Gäste am nächsten Tag – vorausgesetzt, dieser ist ein Seetag – draußen auf dem Meer Delfine füttern. Erst im letzten Jahr haben wir uns den Spaß auch wieder erlaubt und die Gäste nachmittags um 15 Uhr in die Bar bestellt, von der aus man einen Balkon knapp über der Wasseroberfläche aus dem Schiff herausklappen kann. Was natürlich grundsätzlich nur im Hafen und niemals auf offener See gemacht wird. Wir warben damit, dass dieser Balkon sich um 15 Uhr öffne und Delfine auf genau diesem Streckenabschnitt zwischen 15 Uhr und 16 Uhr das Schiff begleiten werden. Die Gäste dürften dem Spektakel natürlich beiwohnen und die Tiere füttern.

Schon am Vorabend hörte ich immer wieder Gespräche: „Hast du auch die Zeitung für morgen gelesen? Auf der Titelseite steht, dass morgen Delfine gefüttert werden können. Da muss ich unbedingt hin." Auch Kollegen kamen zu mir und berichteten, dass Gäste sich auf dem ganzen Schiff darüber austauschten und unbedingt früh vor Ort sein wollen, um auf dem kleinen Balkon noch einen guten Platz zu bekommen. Im Anschluss planten wir heimlich noch ein kleines Sekt-Buffet, um alle einzuladen, sobald der Aprilscherz aufgeklärt werden würde.

Am nächsten Tag hatte ich schon so eine Vorahnung, der Sekt könnte nicht reichen. Waren die Mitarbeiter, die den Sekt ausschenken sollten, ausreichend vorbereitet? Sie sollten lieber eine halbe Stunde früher vor Ort sein. Ich fing an zu telefonieren. Organisierte mehr Personal, mehr Sekt, einen früheren Start des Events. Um 14:30 Uhr riefen mich die Kollegen an: „Hier sind bestimmt schon 50 Gäste, die fragen, wann es losgeht. Was sollen wir denn mit denen so lange machen?" „Quatscht mit ihnen und zeigt ihnen die Stelle, wo der Balkon sich öffnen soll. Dann können sie sich schon mal hinstellen, bevor das Ganze aufgeklärt wird", antworte ich. Um 14:40 Uhr klingelte wieder mein Telefon: „Es sind nun sicherlich schon 150 Leute hier und wir wissen jetzt schon nicht mehr, was wir mit denen machen sollen", klagte die Kollegin am anderen Ende der Leitung. „Haltet sie hin, um 15 Uhr wird aufgeklärt!", sagte ich schnell. „Ich komme sofort vorbei, das gibt´s doch nicht!"

Um 14:45 Uhr versuchte ich, einen Seiteneingang vom Crew-Bereich in den Bar-Bereich zu öffnen und kam fast nicht mehr durch. Menschen über Menschen brabbelten aufgeregt, die ersten hatten auch schon einen Sekt abgestaubt. Ein Durchkommen zu den Kollegen war schier unmöglich. Diese wurden hinter dem Sektbuffet von fragenden Gästen geradezu belagert. Der beste Anblick aber: die Gäste, die es als erste in die Bar geschafft hatten, standen fein säuberlich in Reihen aufgestellt mit dem Gesicht zur Wand, genau dort, wo sich der Balkon befand.

Ich telefonierte wieder. Die Sache musste schleunigst aufgeklärt werden, weitere 15 Minuten konnten wir die Gäste nicht hinhalten. Da kam ein Kollege hektisch auf mich zu gestürzt: „Schnell, eine Durchsage! Die Gäste stehen im Treppenhaus noch zwei Decks höher Schlange. Alle wollen die Delfine sehen." Ich rief meinen Chef an, der dann auch ein paar Sekunden später eine Durchsage über das Schiff machte: „Liebe Gäste, wissen Sie eigentlich, welches Datum heute ist? Um Delfine zu sehen, steht mittlerweile sogar schon das Treppenhaus voll und unsere Mitarbeiter wissen kaum noch, wohin mit Ihnen. Dabei ist heute der 1. April! April, April!" Meine Kollegen und ich mussten so laut lachen, dass die meisten der Gäste gleich mit einstimmten. „Siehst du, Gertrud," sagte ein Mann, schon ein Glas Sekt in der Hand, „hatte ich doch gleich gesagt, dass die keinen Balkon auf See öffnen, während das Schiff fährt." „Und dann noch Delfine, die um genau 15 Uhr zum Schiff geschwommen kommen ... das kam mir auch sehr komisch vor", schmunzelte ein anderer.

Ein anderes Mal haben wir den gleichen Streich etwas anders ausgeführt: Die große Fütterung wurde für 6 Uhr morgens angekündigt. Ein Besatzungsmitglied wurde dafür in ein plüschiges Delfinkostüm gesteckt. Die Gäste, die extra so früh aufgestanden waren, wurden ganz nach vorn zum Bug des Schiffes gebracht, wo in der Spitze der verkleidete Delfin saß. Jeder Gast bekam eine Tüte mit Brotkrumen in die Hand gedrückt und der Delfin durfte mit Brotkrumen beworfen werden.

Unser Delfin hatte sich damals freiwillig gemeldet. Andere Kostümierungen dienen auch ganz gern mal als „Strafe" für kleinere Vergehen der Crewmitglieder, zum Beispiel für Zuspätkommen. Zudem muss der Bestrafte diversen Gerüchen standhalten, da vor ihm schon etliche andere Crewmitglieder in dieses Kostüm schwitzen durften. Auch wenn fleißig gereinigt wird: ein bisschen Mief bleibt immer.

Das Gute an der Sache: Einmal im Kostüm, erkennt einen wirklich niemand mehr. Und auch wenn man unter dem Kostüm noch so schlechte Laune hat, es merkt kein Mensch. Man kann also seinen Emotionen freien Lauf lassen. Dumm nur, dass man in den meisten dieser Outfits enorm schlecht sieht. Zum Beispiel, welches freche Kind einem gerade wieder am Schwänzchen gezogen hat. Hat man sich erst einmal umgedreht und versucht, Orientierung zurück zu gewinnen, ist das Kind schon längst über alle Berge.

Besonders hart kann es einen treffen, wenn man Teilnehmer des Krippen-Standbilds in der Weihnachtszeit wird. In einer Bar werden einige Crewmitglieder am Heiligen Abend in die Kostüme von Maria und Josef oder den Heiligen Drei Königen gesteckt. Es erfolgt eine Durchsage, dass die Gäste herzlich eingeladen sind, Fotos von dem Krippenbild zu machen. Kaum kommen dann die ersten Gäste, dürfen sich die Darsteller nicht mehr bewegen – es ist ja ein Standbild. Und dann knipsen die Gäste. Solange sie möchten. Ich musste einmal zwei Stunden lang in einem stinkenden Eselskostüm ausharren.

Wir sind fertig mit dem Cocktail-Shaken und Thomas hat sich wieder seine private Kleidung angezogen. Als wir noch eine Runde übers Deck drehen, fällt uns ein Gast auf, der total besoffen an der Theke hängt. „Dem haben wir wohl zu viele Cocktails verkauft", meint Thomas. „Ich glaube auch", antworte ich. Der Gast unterhält lallend die ganze Bar. Das Gute am Besoffensein ist wenigstens, dass man irgendwann wieder nüchtern wird und seine verbalen, kognitiven und emotionalen Fähigkeiten zurückerlangt. Hoffen wir das mal auch für diesen Trunkenbold.

PSYCHOPATH AN BORD

Es war Wechseltag in der Karibik, das heißt, die neuen Gäste für die nächste Tour reisten an. Meine Kollegen und ich warteten schon mit einem Tablett voller leckerer, eisgekühlter Getränke beim Empfang und boten den durstigen und schwitzenden Gästen einen Drink an. Einige trugen noch ihre Winterjacken und freuten sich, dass sie diese nun erst mal nicht mehr brauchten bei 28 Grad im Schatten und Sonnenschein. Plötzlich sprach uns ein Gast an. Er trug eine lange, schwarze Jeans, ein schwarzes T-Shirt, verspiegelte Sonnenbrille, schwarze, geschlossene Schuhe und passend dazu schwarzes Haar. „Habt ihr Elena gesehen?", fragte er uns. „Hallo und herzlich willkommen an Bord. Erst mal einen Drink vielleicht?", strahlten wir ihn an. Jeder wollte gern Getränke von dem Tablett loswerden, damit es leichter würde. Komischer Typ. Kein „Hallo" oder „Guten Tag", dafür erst mal komische Fragen stellen. Da kann ja jeder kommen. „Ich will nichts trinken! Habt ihr Elena gesehen?" Er zog seine Sonnenbrille ein Stück vor und sah uns aus blutunterlaufenden Augen an wie eine Bulldogge. Also entweder war der Typ völlig besoffen oder er hatte kurz vor Anreise noch schön einen Joint durchgezogen. Oder war vielleicht einfach nur müde? „Es gibt sicherlich viele Elenas an Bord", antwortete meine Kollegin flapsig. „Musst nur mal Ausschau halten, dann laufen sie dir sicherlich alle über den Weg!"

Kaum hatten wir ihn abgewimmelt, machten wir uns auf den Weg zu den nächsten durstigen Gästen. Bulldogge schlich weiter in Richtung Check-In-Schalter, wo er weiteren Kollegen die Frage nach Elena stellte. „Merkwürdige Leute gibt's", dachte ich mir nur und immer wieder: „Was für ein komischer Typ ...?"

Als wir zwei Tage später abends in der Disco unterwegs waren, hatte ich Bulldogge schon längst wieder vergessen. Da fiel mir schon von Weitem eine schwarz gekleidete Person auf, die völlig breit dreinschauend mit zwei großen Bierkrügen in den

Händen über das Außendeck schwankte. Andere Gäste schauten hinterher und dachten wohl dasselbe wie ich. Als er schließlich in Richtung Reling taumelte, ging ich auf ihn zu und fragte ihn freundlich, ob denn auch alles in Ordnung sei. „Nichts ist in Ordnung!", faselte er mich laut an und drückte mir dabei seine halb leeren Bierkrüge in die Hand. „Setz dich hin, ich erzähl dir alles." Etwas unsanft katapultierte er mich in einen der an Deck herumstehenden Stühle. „Also Elena, diese Schl...", lallt er, „ich hasse sie! Ich könnte sie umbringen und werde das wohl auch tun müssen." Er schob wieder seine Sonnenbrille ein wenig vor und zeigte mir dabei seine blutunterlaufenen, roten Bulldoggen-Augen. „Ah, aha", kommentierte ich leicht irritiert. „Ich beherrsche alle möglichen Arten an Kampfsport. Ich bin zum Töten geboren. Ich kann das ganze Schiff in die Luft jagen und keiner würde es überleben. Ja, all das kann ich machen, wenn ich will!", belehrte mich Bulldogge. „Ach wirklich? Oh, na, das wäre aber nicht so schön." So langsam wusste ich nun echt nicht mehr weiter. In was für eine blöde Situation war ich da nur hineingeraten? Ich hielt nach meinen Kollegen Ausschau, stellte aber recht schnell fest, dass die ersten schon nicht mehr vor Ort waren oder sich mit anderen Gästen an der Bar unterhielten.

Wie war das? Umbringen? Schiff in die Luft jagen? Und wer, um Himmels Willen, ist eigentlich diese Elena? Mag ja sein, dass er sauer ist oder einfach nur voll wie ein Schwamm, aber welcher normale Mensch redet an einem Stück so viel Stuss auf einmal? So langsam wurde mir bei der Sache etwas mulmig. „Also hast du Elena denn nun gefunden?", versuchte ich ein bisschen auf ihn einzugehen, damit meine Bedenken nicht gleich aufflogen. „Ja", antwortete Bulldogge. „Ich sehe sie jeden Tag im Restaurant und sie will einfach nichts mit mir zu tun haben." Da konnte ich Elena durchaus verstehen „Ich bring sie um, ich bringe sie um!", regte er sich immer weiter auf und glotzte mich dabei immer intensiver mit seinen blutunterlaufenen Bulldoggen-Augen an. Da klingelte plötzlich mein kleines Bordtelefon in meiner Hosentasche, das bedeutet, ein Kollege brauchte mich und ich musste schnell zurückrufen. Das war meine Chance!

„Moment, warte doch bitte noch einen Augenblick damit. Also mit dem Umbringen von Elena, meine ich!", bat ich ihn schnell. „Bin gleich wieder da. Da piepst mich jemand an, ich geh mal schnell. Bis gleich." Mein Chef war dran und bevor er überhaupt sagen konnte, was er wollte, poltere ich ins Telefon: „Schnell, hier oben in der Disco ist ein total merkwürdiger Typ unterwegs. Er erzählt, er könne das Schiff in die Luft jagen und will die Elena vom Restaurant umbringen. Ob er das ernst meint oder nicht, weiß ich nicht, aber der Typ hat definitiv einen Knall! Vielleicht kann ja mal jemand vom Sicherheitspersonal vorbeikommen."

Diese Geschichte fand mein Chef nun gar nicht lustig und sein eigentliches Anliegen war schnell vergessen. „Ich schick dir sofort jemanden hoch. Bleib wo du bist." Schon hatte er aufgelegt. Nach ein paar Minuten war ein Kollege vom Sicherheitspersonal vor Ort. Ich zeigte ihm Bulldogge, der gerade wieder vom Tisch aufstand und mit beiden Bierkrügen in den Händen übers Deck schwankte. Er führte nun Selbstgespräche und machte einen sehr einsamen und armseligen Eindruck – irgendwie tat mir Bulldogge in diesem Moment sogar ein bisschen Leid. Der Kollege vom Sicherheitspersonal sprach ihn freundlich an und war auch kurz darauf mit ihm hinter der nächsten Ecke verschwunden.

Noch in derselben Nacht wurde ich aufgefordert, einen Bericht über den Vorfall zu schreiben und diesen beim Sicherheitsoffizier und beim Kapitän einzureichen. Eine andere Kollegin hatte ähnliche

Erfahrungen mit Bulldogge gemacht und musste ebenfalls alles dokumentieren. Am nächsten Morgen wurde Bulldogge zu einem Gespräch geladen und saß gleich darauf mit Sack und Pack inklusive Begleitschutz im Tender. Er trug eine schwarze lange Jeans, ein schwarzes T-Shirt, verspiegelte Sonnenbrille und schwarze, geschlossene Schuhe. Wir waren damals gerade in Honduras. Ganz ehrlich, hier wollte ich nicht allein irgendwo in der Pampa abgegeben werden!

Ein Jahr später traf ich zufällig die sagenumwobene Elena wieder an Bord. „Na, wie gehts? Wieder was von Bulldogge gehört?", fragte ich sie. „Neee, zum Glück nicht. Der hat mich jahrelang verfolgt. Wahrscheinlich ist er immer noch verschollen irgendwo zwischen Honduras und dem Panama-Kanal."

So nahm die Geschichte ihr zum Glück gutes Ende. Wahrscheinlich war Bulldogge in Wahrheit total harmlos. Doch wer weiß das schon. Und bestimmt hat er in Honduras ein nettes Mädel kennengelernt, die auf schwarze Klamotten stand und wusste, wie sie Bulldogge besänftigen konnte. Zu wünschen wäre es ihm jedenfalls.

SHIT HAPPENS

Ein andermal kam ein Kollege völlig aufgelöst, fassungslos und kopfschüttelnd zu meinen Kollegen und mir. „Das glaub ich jetzt nicht! Das glaub ich einfach nicht!", rief er immer wieder. Zwischendurch schüttelte es ihn am ganzen Körper. „Was kannst du nicht glauben?", fragten wir natürlich neugierig. „Was ist passiert?"

In der Bar, in der er soeben Instrumente und Anlage für den allabendlichen Auftritt des bordeigenen Trios anschließen wollte, hatte es wohl gleich von Beginn an merkwürdig gerochen. Zuerst hatte er sich nichts dabei gedacht, doch als der Geruch dann plötzlich zu beißendem Gestank wurde und die Barkeeper hinterm Tresen schon anfingen zu grinsen, war ihm klar: Hier war etwas faul und stank gewaltig! Im wahrsten Sinne.

„Was ist hier los?", fragte er die Kollegen hinterm Tresen. „Es stinkt!" „Ja, ja, es stinkt gewaltig!", antwortete ihm einer der Barkeeper und schaute in Richtung Korridor, wo gerade ein paar irritierte Gäste entlang marschierten und kurz die Nasen rümpften. Mitten im Durchgang des Korridors stand ein großer Sessel. „Wer hat denn den Sessel da hingestellt? Der steht ja voll im Weg", schimpfte der Kollege weiter. „Ja, ja", antwortete derselbe wie zuvor, „glaub mir, das ist gut so, dass der Sessel da steht." Das wollte sich unser Kollege jetzt aus der Nähe angucken. Schon der Weg zum Sessel ließ ihn die Nase noch mehr rümpfen, es stank einfach nur bestialisch. Und dann traute er seinen Augen nicht: Unter dem Sessel lag ein dicker, fetter Haufen von der Größe eines Kuhfladens. „Bah, igitt, pfui! Wer macht denn so was? Wie kommt das Ding da in den Gang? Das geht ja gar nicht!", sprudelte es aus ihm raus.

Und dann berichtete der Barkeeper, dass ein Gast wohl einfach nicht mehr an sich halten konnte, sich in den Gang gehockt und das dicke Teil da hingelegt hatte. Unglaublich aber wahr! „Wir haben sofort den Sessel darüber gestellt, damit die Gäste, die hier durchlaufen, es nicht sehen. Das Reinigungspersonal ist schon unterwegs zu uns, die müssen hier komplett desinfizieren und saubermachen. Was für eine Scheißarbeit." „Das muss doch jemand beobachtet haben. Hier laufen doch Leute herum. Man kann sich doch nicht einfach auf den Teppich hocken und sch…!" Unser Kollege konnte es nicht fassen. Der Barkeeper zuckte mit den Achseln. Was sollte man denn dazu auch noch sagen?

„Später kam dann noch heraus, dass das Reinigungspersonal die Spuren bis zur Herrentoilette nachverfolgen konnte", erzählte uns der Kollege. Das Sicherheitspersonal fand die Angelegenheit dann auch zu miefig, um den Übeltäter ausfindig zu machen, und somit wurde die Sache buchstäblich unter den Sessel gekehrt. Gott sei Dank haben bisher alle anderen Millionen Gäste und auch die Crew, die mir über den Weg gelaufen sind, immer rechtzeitig den Weg zur Schüssel gefunden.

EXPLOSION IN DER KABINE

Ein junger Gast feierte eines Abends ausgiebig in der Diskothek und strapazierte sein Bordkonto bis aufs Äußerste für bunte Cocktails. Mit anderen Worten: Er war voll wie ein Eimer! Als er sich zu später Stunde torkelnd auf den Weg zu seiner Kabine machte, kam er mangels Orientierung auf dem Außendeck mit den Rettungsbooten vorbei.

Diese sind über eine sehr steile Außenleiter zu erreichen. Der Gast peilte mit Silberblick eine geschlagene Minute die Leiter an, nahm dann Anlauf und stolperte noch über das nicht zu übersehende Schild, welches an der Treppe angebracht war:

„Crew only". Das konnte er aber schon nicht mehr lesen und eigentlich war es ja auch egal – denn er war bereits bäuchlings im Rettungsboot gelandet. Toll hier drin! Und so viele Bänke! Gleich suchte er sich ein lauschiges Plätzchen um ein Nickerchen zu machen. Da stieß er auf eine Kiste. „Aufmachen", dachte er sich natürlich. In der Kiste befanden sich jede Menge Raketen und Leuchtmittel, natürlich für den Notfall bei Seenot gedacht. „Ja super!", freute sich die Schnapsdrossel. „Ist denn schon Silvester?" Ruckzuck waren zwei Leuchtraketen, eine Handfackel und ein Rauchsignal in seinen Taschen verschwunden.

Der junge Mann suchte nach dem Ausgang vom Boot, fiel die Treppe nur mit sehr viel Mühe nicht herunter, torkelte wieder über Deck und fand einige Zeit später doch noch den Weg zu seiner Kabine. Dort angekommen startete er ein wunderschönes, großes Feuerwerk – dachte er zumindest. Die erste Handfackel ging los und damit auch der Feueralarm auf der Brücke. Völlig eingeräuchert, aber vermutlich ziemlich begeistert, griff er hustend nach einer Signalrakete. Mit dieser schoss er ein Loch in die Decke und sprengte quasi die gesamte Kabine. Es gab einen Riesenknall! Dann folgte Stille.

Eine Minute später wimmelte es auf den Gängen von verwirrten Menschen in Schlafanzügen. „Was war das für ein Knall? Eine Explosion etwa?", fragten sich die Gäste, einige von ihnen schon in Rettungsweste, dem nahenden Tod fest ins Auge blickend. Gott sei Dank erschien wenig später und in voller Montur das Feuerteam, evakuierte die Kabine, brachte unseren Helden in Sicherheit, sicherte das dicke Loch in der Decke und löschte das immer noch vom roten Nebel verursachende Rauchsignal.

Entweder lag es an der Vermutung des baldigen Ablebens oder am ABC-Pulver des Löschteams: Viele Gäste waren jedenfalls kreideweiß im Gesicht und der Anblick erinnerte eher an die Dreharbeiten eines Amateur-Horrorfilms. Die angerückte „Spezialeinheit" des Feuerteams sorgte dann aber anscheinend für ein ausreichendes Sicherheitsgefühl und so gingen die meisten wieder auf ihre Kabinen, als sie bemerkten, dass die Lage unter Kontrolle war. Zum Glück wurde niemand verletzt.

Am nächsten Morgen wusste unser Übeltäter von nichts mehr, außer dass er ungemeine Kopfschmerzen verspürte. Ob vom Alkohol oder vom lauten Knall, das würde wohl niemand erfahren. Aber das machte auch nichts, denn eines würde er sicherlich nicht so schnell vergessen, dass sein Urlaub an dieser Stelle beendet war und die Reise am Ende ein bisschen teurer, als ursprünglich geplant. Die Kabine war monatelang nicht bewohnbar. Das bedeutete natürlich Buchungsverlust. Dazu kam natürlich die Sachbeschädigung. Ein teurer Spaß.

Gegen Abend wird die See oft etwas rauer. Das bemerkt Thomas natürlich sofort. „Ganz schöner Seegang, findest du nicht?" „Seegang? Ja, ein bisschen vielleicht", antworte ich und merke, dass ich solche Dinge schon gar nicht mehr wahrnehme. „Da war wieder eine Welle! Hast du das gemerkt?", fragt Thomas. „Naja, wenn man drauf achtet, dann merkt man es tatsächlich", gebe ich zu. „Ich glaube, ich bin schon viel zu lang auf dem Dampfer, ich bekomme das alles gar nicht mehr so richtig mit." „Wie ist das eigentlich, wenn den Gästen mal so richtig schlecht wird? Oder ihr so richtig viel Seegang habt, Windstärke 12 oder so. Das ist doch sicherlich nicht mehr lustig", fragt Thomas. „Naja, kommt ganz drauf an …!"

HOHE WELLEN – KLEINE TÜTEN

Sicherlich kann man sich einen hinter die Binde kippen, wenn der Seegang heftig ist. Das wäre zumindest eine Methode, ist wohlgemerkt aber nicht die einzige. Übrigens muss ich zur Beruhigung aller „Nicht-Seemänner" sagen, dass auch Seemänner und Seefrauen durchaus mal von diesen unangenehmen Ausbrüchen befallen werden können. Auch mich hat es schon mal heftig erwischt. Eines Winters im Mittelmeer zwischen Beirut im Libanon und Malta, zwei aufeinanderfolgende Seetage und -nächte, Windstärke zwölf.

In der ersten Nacht bin ich fast aus meinem Hochbett auf meine Zimmerkollegin geflattert, die eine Etage unter mir schlief. Doch das, wie gesagt, nur fast. Schon beim Aufstehen torkelte ich hin und her, die Schranktüren fielen auf und zu und zum dritten Mal packte ich die herausfallenden Handtücher zurück in meinen Schrank. „Puh, heute ist der Seegang aber ganz schön heftig", hörte ich meine Kabinenkollegin aus ihrem Bettchen murmeln, den kleinen Vorhang vor ihrem nächtlichen Lager noch zugezogen. „Och, geht doch noch. Schaukelt doch fast gar nicht", versuchte ich mich tapfer zu geben. Dabei war mir eigentlich schon ziemlich schlecht.

Genau in diesem Moment musste eine Monsterwelle auf uns zugerollt sein, denn meine komplette Schmuckdose fiel vom Schreibtisch in den Mülleimer. Na super! Ein mulmiges Gefühl machte sich in meinem Magen breit. Nicht etwa aus Angst vor einem bevorstehenden Untergang, sondern richtig flau. Gefrühstückt hatte ich an diesem Morgen nicht. „Ach was", redete ich mir selbst ein, „das bisschen Seegang kann mir doch nichts anhaben."

Denkste! In den Treppenhäusern torkelten mir Gäste mit bereits grün angelaufenen Gesichtern entgegen. Viele waren es nicht, die sich an diesem Morgen aus ihren Kabinen trauten. Das Schiff glich eher einem Geisterschiff. „Guten Morgen", rief ich fast fröhlich, mein Übelkeitsgefühl gekonnt überspielend mit einem Grinsen im hellgrünen Gesicht. „Guten Mo...", setzte mein Gegenüber noch gequält an, doch da war es schon zu spät. Anstatt die neben dem Schiff freudig wartenden, hungrigen Fische zu erfreuen, entleerte sich der Herr über den ganzen Flurteppich. Ein Mitarbeiter des Kabinenpersonals, der noch halbwegs frisch aussah, durfte den grünen Klecks da auf dem Boden nun entfernen. Säuregeruch durchzog jede Ecke des Schiffes. Nun war auch mir so schlecht, dass ich mir gerade noch rechtzeitig, die Hand vor den Mund haltend, einen der wenigen übriggebliebenen Spuckbeutel, die vom Kabinenpersonal an den Treppengeländern ausgehängt wurden, schnappen konnte. Diesen bis zum Rand füllend, begab ich mich zurück auf meine Kabine. Natürlich in der Hoffnung, dass mich kein anderes Crewmitglied in diesem Zustand gesehen hatte. Wie peinlich! Ob ‚Füll mich' auf dem Beutel stand oder ein Smiley aufgemalt war, konnte ich aus Zeitgründen leider nicht mehr herausfinden. Komisch: Sobald man so richtig „leer" ist, geht es einem auf Anhieb wieder gut. Also beschloss ich, ganz einfach wieder zur Arbeit zu gehen. Es wurde mir zwar immer wieder flau im Magen, aber sobald ich etwas zu tun hatte, ging es wieder besser.

Ich staune, ehrlich gesagt, immer wieder über Leute, die sich schon Wochen vor Ablegen des Schiffes auf eventuellen Seegang vorbereiten. Viele Gäste kaufen zum Beispiel schon vor Reiseantritt Pflaster, die sie sich hinter eines ihrer Ohren kleben. Angeblich wird es einem dadurch nicht mehr schlecht. Ich selbst habe diese Pflaster-Therapie noch nie ausprobiert, finde es allerdings äußerst merkwürdig, dass durch das pure Ankleben eines kleinen braunen Klebestreifens alles besser werden soll. Allerdings habe ich auch noch nie die Zusammensetzung auf der Verpackung gelesen.

Glückshormone im Kleber vielleicht? Eine andere, angeblich noch wirkungsvollere Methode, ist das Tragen eines ganz speziellen Armbandes. Ich weiß nicht warum, aber es scheint, dass dieses Armband Zauberkräfte besitzt. Denn bei Anlegen ans Handgelenk breiten sich angeblich Substanzen aus, die die Übelkeit wegblasen. Toll! Ich frage mich nur, warum es bei einer solchen Erfindung, insofern sie denn wirklich diese Wirkungen hat, überhaupt noch Menschen auf dem Globus gibt, die seekrank werden. Denn einfacher geht es doch wohl kaum!

Eine Sache habe ich auch einmal ausprobiert: die Pille. Die gegen Seekrankheit meine ich. Eine Stunde vor Ablegen soll sie laut Gebrauchsanweisung eingenommen werden. Den Zeitpunkt habe ich allerdings prompt verbaselt und die Arznei erst eingeworfen, als mir bereits schlecht war. Fazit: Keine Sekunde später kam die Pille wieder heraus. Vorschriftsmäßig verabreicht, ist die einzige Nebenwirkung lediglich Müdigkeit. Demnach war ich schon fast ein bisschen froh, dass sie den Weg aus meinem Magen wieder rechtzeitig herausgefunden hatte. Sonst wäre ich während der Arbeit womöglich noch eingeschlafen.

Aber jetzt mal im Ernst: Ich war am Tag der extremen Übelkeit mit Windstärke zwölf im Winter im Mittelmeer auch ein wenig selbst schuld an dem Dilemma. Ich hatte nämlich nicht gefrühstückt. Dabei weiß ich ganz genau, dass der Magen so richtig voll sein muss. Dann ist er schön mit der Verdauung beschäftigt und vergisst glatt, dass ihm eigentlich flau ist. Und wenn ich dann noch draußen an der frischen Luft bin, arbeite und keine Zeit bleibt, über Seegang und Windstärke 12 nachzudenken, dann geht es mir gut. Schon mal eine seekranke Möwe gesehen? Ich auch nicht. Denn die sitzt bei Seegang auf einer Monsterwelle und wartet auf einen vorbeifliegenden Fisch, um sich den Bauch so richtig voll zu schlagen.

Ich werde oft gefragt, ob ein großes Schiff bei Seegang denn nicht weniger schaukelt als ein kleines. Oder ob es überhaupt schaukeln kann bei der Größe. Unser Kapitän hat dazu mal resümiert: „Solange ein Schiff schaukelt, schwimmt es auch." Und damit hat er wohl recht. Genauso wie mit folgenden Weisheiten: Man soll die Gäste feiern, wie sie fallen! Und: Irgendwann ist Land in Sicht.

IST DER BEKLOPPT? NEE, DER CHEF!

Am nächsten Morgen komme ich mit Thomas am Theater vorbei. Hier treffen sich gerade wieder jede Menge Gäste zum Landgang. „Schau mal, was ist denn das da hinten für ein Typ?", fragt Thomas. „Wen meinst du?", frage ich zurück. „Na der da hinten, der etwas abseits vom Rest der Gruppe steht. Der Oben-Ohne-Typ. Das ist sicherlich ein Gast, der die Walking-Tour gebucht hat. Sieht ja ganz schön bescheuert aus." Jetzt sehe ich ihn auch. Ein Typ mittleren Alters, oben ohne, nur mit einem kurzen Sporthöschen bekleidet, Wanderstöcke dabei, einen Rucksack aufgeschnallt und mit jeder Menge Sportbänder versehen. Einen Gurt hat er quer über den Körper gespannt, daran befindet sich eine Fitnessuhr. An einem anderen Gurt ist eine Trinkflasche angebracht. Die Sonnenbrille sitzt auch schon auf der Nase, obwohl im Theater keine Sonne scheint. Der Bierbauch ist nicht zu übersehen, ebenso das kräftig wallende Brusthaar. Er sieht aus wie eine Mischung aus Gorilla und Ninja-Turtle. Auch die Gäste schauen schon irritiert und fangen an zu tuscheln. „Also, es gibt echt Leute hier, das ist der Wahnsinn!", sagt Thomas amüsiert. „Das ist kein Gast", korrigiere ich ihn lachend. „Das ist unser Kreuzfahrtdirektor!"

HOUSEKEEPER MIT SAMMELLEIDENSCHAFT

Manchmal fragt man sich wirklich, was sich einige Crewmitglieder bei ihrem Verhalten so denken. Von peinlich bis richtiggehend kriminell ist alles dabei.

Eines Tages bekam ich einen Anruf von meinem Chef. Ich sollte als neutraler Zeuge bei einer Kameraauswertung beisitzen. Auch der Security Offizier, er selbst sowie ein Gästepaar sollten bei der Auswertung dabei sein. Ich hatte bis dahin keine Ahnung, worum es ging. Aber was ich dann sah, war nicht nur frech, sondern tatsächlich strafbar:

Ein älteres Ehepaar war an die Rezeption gekommen und hatte sich beschwert, dass der Housekeeper ihrer Kabine angeblich klauen würde. Es fehlten schon mehrere Dinge und er sei der einzige, der Zugang zu der Kabine gehabt hatte. Zunächst wies die Rezeptionistin den Vorwurf zurück. „Unsere Housekeeper sind vertrauenswürdige Leute", verteidigte sie ihn. Die beiden Herrschaften blieben hartnäckig und wollten unbedingt mit dem Direktor sprechen. Sie waren sich hundertprozentig sicher, dass mehrere Gegenstände geklaut wurden.

Wenig später stellte sich heraus, dass die beiden eine Kamera auf ihrer Kabine aufgestellt hatten, die 24 Stunden lang die Geschehnisse dokumentiert hatte. Versteckt in einem Regal und mit einem Handtuch kaschiert. Auf dem Film war Folgendes zu sehen: Der Housekeeper kam in die Kabine, pfiff fröhlich vor sich hin und brachte so langsam seine Putzsachen herein. Bevor er sich die Putzhandschuhe überzog, entdeckte er eine getrocknete Badehose auf dem Stuhl. Er nahm die Hose, stellte sich vor den Spiegel und posierte, immer noch pfeifend. Die Hose schien ihm gut zu gefallen. Kurzerhand zog er sich seine Uniformhose aus und zog die Badehose des Mannes einfach über seine Unterhose. Die Uniformhose wieder drüber, und als sei nix gewesen, setzte er die Kabinenreinigung fort. Beim Putzen der Ablagen entdeckte er außerdem eine Zigarettenschachtel mit einem Feuerzeug. Wieder freute er sich unübersehbar, ging auf den Balkon und steckte sich gemütlich eine Zigarette an. Dabei schaute er entspannt aufs Hafenbecken hinaus. Anschließend begab er sich zurück an seine Arbeit, wobei ihm noch ein schöner Flaschenöffner und ein Kugelschreiber auffielen, die schnell in seiner Hosentasche verschwanden. Danach verließ er pfeifend die Kabine.

„Das glaub´ ich jetzt nicht!", riefen Safety Offizier, mein Chef und ich fast zeitgleich. Ich hätte meine Hand dafür ins Feuer gelegt, dass alle unsere Kollegen an Bord ehrliche und korrekte Menschen sind. „Dann konnten wir sie ja mithilfe unserer Aufzeichnungen eines Besseren belehren", antwortete der Mann. Oh ja, das konnte er tatsächlich. Echt der Hammer. Und peinlich für uns.

Es wurde anschließend die Kabine des Crewmitgliedes durchsucht. Ein Sammelsurium an Kleinstgegenständen, alle schön säuberlich gehortet, war in seinen Regalen und Schränken zu finden. Da es immer kleine Dinge waren, die man nicht sofort vermisste oder vielleicht auch einfach mal verlegt haben konnte, war anderen Gästen wohl nie aufgefallen, dass sie beklaut worden waren. Der Housekeeper durfte natürlich noch am selben Tag das Schiff verlassen. Und die Gäste bekamen ihre Sachen zurück.

DER ARZT, DER KEINER WAR

Aber nicht nur süchtige Sammler, die zu Dieben werden, gibt es an Bord. Wir hatten einmal einen total netten, sympathischen Schiffsarzt. Im Gegensatz zu den meisten, die in der Regel 60 Jahre oder älter sind, war dieser Arzt noch keine 40. Ein witziger Kollege, zu dem jeder aus der Besatzung gern ging, auch wenn man sich nur einen Hustensaft verschreiben lassen musste. Abends schaute er sich gern Shows im Theater an, ging in die Disco und mischte sich unter Gäste und Crew. Alle mochten ihn und jeder Kranke fühlte sich bei ihm in guten Händen. Auch von den Gästen hörte man ausschließlich Positives zu ihm und seiner Profession:

„Als sehr kompetent und freundlich möchten wir den jungen Arzt im Hospital hervorheben", schrieb ein Herr im Gästefeedback.

„Meine Frau war auf einem Ausflug gestürzt und weil sie anschließend kaum noch laufen konnte, ging sie ins Hospital. Nachdem der Doktor sie behandelt hatte, konnte sie wieder laufen wie eine junge Athletin."

Auch mir ging es einmal nicht gut. Eine Grippe bahnte sich an, doch dank kompetenter Hilfe und mit einem lockeren Spruch des Docs war mir schnell geholfen. Die Grippe hatte sich verabschiedet, noch bevor sie überhaupt richtig rauskam.

Irgendwann hatte unser sympathischer Arzt dann aber auch seinen letzten Abend an Bord. Sein Vertrag war zu Ende und der Heimaturlaub wartete. Am Abend verabschiedete er sich von allen und flog am nächsten Tag nach Hause. Einen Tag später erhielten wir die Nachricht, dass er erst gar nicht bis nach Hause gekommen war. Man hatte ihn am Flughafen abgefangen und abgeführt, denn unser total netter Doktor war eigentlich nur Sanitäter und gar kein richtiger Arzt. Keiner hatte auch nur der leisesten Verdacht gehabt! Er hatte seine Papiere gefälscht und dann an Bord angeheuert. Wir waren erst mal sprachlos. Sein Nachfolger war dann wieder Mitte 60 und wurde vor seinem Einsatz vermutlich hundertfach überprüft.

Ein anderes Mal erzählte mir eine Kollegin, dass sie viele Jahre mit einem Kollegen liiert war. Die beiden hatten sich an Bord kennengelernt, beide arbeiteten im Service, er war nach kurzer Zeit in ihre Wohnung gezogen. Als die Beziehung nach etwa zwei Jahren auseinanderging, hörten beide nichts mehr voneinander, bis eines Tages die Polizei vor ihrer Türe stand. Sie seien auf der Suche nach einem Sascha H., er hätte zuletzt bei ihr gewohnt. Als sie antwortet, dass sie keinen Sascha H. kannte, zeigen ihr die Beamten ein Foto vom Gesuchten. Es war ihr Ex-Freund, der vor Jahren an Bord unter falschem Namen untergetaucht war – er wurde wegen mehrfachen Diebstahls in Millionenhöhe und Erbschleicherei gesucht.

MAN WIRD SICH JA WOHL NOCH BESCHWEREN DÜRFEN

Am nächsten Tag erhalten Thomas und ich einen Anruf von der Rezeption. „Hier steht ein Gast, der eine Beschwerde hat. Er will aber nicht sagen, worum es geht. Und er will unbedingt mit einem verantwortlichen Offizier sprechen. Könnt ihr einmal mit ihm reden?" „Ja klar. Wir kommen", antworte ich. „Ob wir allerdings ‚verantwortliche Offiziere' sind, das weiß ich nicht."

An der Rezeption angekommen, wartet dort ein älterer Mann. „Ah, Sie sind das also, die die Musik überall immer so laut anmachen. Den ganzen Tag über höre ich nur dieses Gedudel und Krach …" regt er sich auf, obwohl wir noch gar nicht richtig vor ihm stehen. „Guten Tag erst mal", begrüße ich den Herrn freundlich und reiche ihm meine Hand. Er schaut ganz ungläubig, war er doch eben noch auf Krawall gebürstet. Jetzt schüttelt er mir doch die Hand. „Wo ist es denn laut?", frage ich ihn. „Na in den Restaurants zum Beispiel, vor allen Dingen aber am Abend im Theater. Und in der Disco ist es abends auch immer so laut", beschwert er sich schon ein bisschen ruhiger. „Im Restaurant ist es bestimmt laut, weil dort mit Geschirr geklappert wird und die Gäste ja auch miteinander reden. Im Theater läuft abends immer eine Show. Das ist laut, da haben Sie Recht. Gestern hatten wir tatsächlich eine Rock Show, die noch lauter war als der Tanzabend vom Vortag. Und in der Disco läuft am Abend natürlich auch laute Musik, dafür ist es ja eine Disco. Was halten Sie davon, wenn Sie mal die Bordbibliothek besuchen oder das Heck auf Deck 7", antworte ich ihm. „Dort ist es total gemütlich und es gibt auch eine kleine Bar. Außerdem kann man dort ungestört lesen." Der Mann hört aufmerksam zu und so langsam wird auch sein Gesichtsausdruck freundlicher. „Am Heck? Da war ich noch gar nicht", antwortet er. „Dann testen Sie das mal aus und erzählen Sie es bloß nicht weiter!", flüstere ich verschwörerisch. „Vielen Dank für Ihren Tipp!", flüstert er zurück. „Wenn noch irgendwas ist, melden Sie sich gern wieder", rufe ich ihm noch hinterher, aber das hatte er nicht mehr gehört. Vermutlich war es nicht laut genug. „Super gelöst!", lobt mich Thomas. „Passiert das öfter, dass Gäste wegen sowas an die Rezeption kommen?" „Durchaus. Eigentlich ständig", antworte ich.

Ein Gast kam einmal an die Rezeption und beschwerte sich über den Ausflug, an dem er am selben Tag teilgenommen hatte. Er betonte mehrmals, dass diese Tour eine Zumutung gewesen sei, an Körperverletzung gegrenzt habe und er auf jeden Fall 50 % des Ausflugpreises zurückerstattet haben möchte. Er habe im Bus 33 ganze 10 Stunden gesessen und es bestand lediglich ab und zu die Möglichkeit, mal eine halbe Stunde rauszugehen, bevor es dann wieder weiterging. Um welchen Ausflug es sich handelte? „Land und Leute kompakt in Tunesien – unterwegs mit dem Bus".

Ein anderer Gast beschwerte sich über das Essen an Bord. Es gäbe einfach zu viel, er hätte schon nach fünf Tagen drei Kilo zugenommen. Er wünschte sich Diätkreuzfahrten mit Abnahmegarantie.

Eines Tages trat ein Gast an die Rezeption und fragte nach seiner vorreservierten Liege. Er sei schon den ganzen Vormittag übers Deck gelaufen, konnte diese aber nicht finden. Die Rezeptionistin antwortete verwundert, dass es keine vorreservierten Liegeplätze gäbe. Er solle einfach auf das Pooldeck gehen und sich dort ein schönes Plätzchen suchen. Der Gast bestand aber darauf, seinen angeblich fest zugeteilten Liegeplatz zu bekommen. Die Rezeptionistin versuchte erneut zu erklären, dass es diese an Bord nicht gäbe und sich jeder Gast selbst seinen Platz auf den Außendecks suchen müsse. Daraufhin zückte der Gast seine Bordzeitung und zeigte auf den Text auf der Titelseite: „Liegezeit von 7 bis 18 Uhr am Abend". Er hatte die offizielle Liegezeit des Schiffes und dessen Liegeplatz an der Pier für eine reservierte Sonnenliege an Deck gehalten.

Eine Dame monierte am Telefon die Größe ihrer Kabine. Sie sei definitiv zu klein und sie wolle sofort eine größere. Die Begründung: Sie könne auf ihrer kleinen Kabine die Toilette nicht benutzen. Was genau das Problem war, wollte sie jedoch nicht sagen. Nach einem langen Gespräch und stetem Nachfragen erzählte sie schließlich, dass sie zu dick und die Toilette eng zwischen Dusche und

Wand verbaut sei. Sie passte einfach nicht darauf. Leider sind an Bord alle Toiletten baugleich. Von der Rezeption bekam sie einen Standortplan aller Toiletten im öffentlichen Bereich. Die gesamte Reise über musste die Dame die öffentlichen Toiletten aufsuchen.

Ein anderer Gast rief ebenfalls bei der Rezeption an, er könne seine Kabine nicht verlassen. Nach längerem Hin und Her erklärt er sein Problem. Es gab genau zwei Türen. Die eine führte ins Bad, an der anderen hing ein Schild „Bitte nicht stören".

Ein älterer Herr fiel auf dem Privatbalkon seiner Kabine aus seiner Bast-Hängematte. Er hatte wohl zu viel darin geschaukelt. Trotzdem verlangte er Schadenersatz für die blauen Flecken – erfolglos.

IM LIEGEN AUSCHECKEN

Am späten Nachmittag, kurz vor dem Auslaufen, stehen Thomas und ich an der Reling. An der Gangway ist wieder jede Menge Betrieb, die Gäste kommen gerade von ihren Ausflügen zurück. Plötzlich kommt ein Krankenwagen mit Blaulicht bis kurz vor die Gangway gefahren. „Oh, da ist aber was los", bemerkt Thomas. Die Gäste werden natürlich auch neugierig. „Da wird sicherlich gleich jemand ausgeschifft und muss ins Krankenhaus", antworte ich ihm. „Das ist aber gar nicht schön. Passiert so was öfter mal?", fragt Thomas besorgt.

Es gibt an Bord nicht für alle medizinischen Spezialgebiete einen Facharzt. Hat zum Beispiel jemand von der Besatzung Zahnschmerzen, wird er an einen Zahnarzt an Land überwiesen, der die Sache genauer unter die Lupe nimmt. Dasselbe gilt natürlich auch für die Gäste. Bis der Zahnarzt erreicht ist, gibt's an Bord lecker Schmerzmittel. Die Besatzung ist dafür bordseitig versichert, für alle Gäste empfiehlt sich grundsätzlich der Abschluss einer Auslandskrankenversicherung, sonst kann es im Notfall richtig teuer werden.

Aber was passiert, wenn mal ein richtiger Notfall eintrifft, und man nicht mehr warten kann, bis der nächste Hafen angelaufen werden kann? Dann gibt es tatsächlich nur noch die Möglichkeit der sogenannten Ausschiffung. Geht es einem Patienten an Bord so schlecht, dass er nicht mehr ausreichend im bordeigenen Hospital versorgt werden kann, muss er in eine Spezialklinik an Land gebracht werden, und zwar so schnell wie möglich. Ist Land in Sicht oder Reichweite, wird schnell ein Lotsenboot geordert, welches auf dem schnellsten Weg zum Schiff kommt, um den Patienten zusammen mit einem Arzt von Bord ins nächste Krankenhaus an Land zu bringen. Ist das Schiff aber zu weit weg vom Festland, muss ein Helikopter mit einem entsprechend ausgebildeten Arzt zum Schiff fliegen. Gerade an Seetagen, an denen alle Gäste auf dem Deck in der Sonne braten wollen, ein eher schwieriges Projekt. Das Deck muss komplett geräumt werden, alle Liegen befestigt und alle Gäste ins Schiff gebracht werden. Und das innerhalb kürzester Zeit. Da es hierfür strikte Ablaufpläne und Personal gibt, klappt das trotz Zeitdruck in der Regel einwandfrei.

Spannend ist die Aktion jedes Mal, denn der Helikopter kann an Bord nicht landen, sondern muss den Patienten über dem Pooldeck schwebend aufnehmen. Mit seinen Rotoren macht er so viel Wind, dass einem das Toupet wegfliegen würde, dürfte man sich draußen aufhalten. Der Patient wird dann mit einer entsprechenden Trage in den Helikopter gehoben.

Dass dies auch für unsere Gäste ein großes Spektakel ist, und am liebsten jeder sein Reisefotoalbum mit krassen Fotos oder gar Videos aufpeppen möchte, ist klar und verständlich. Viele wollen nach der Räumung des Decks und trotz der erklärenden Durchsagen durch den Kapitän wieder raus, um aus allernächster Nähe das Treiben zu beobachten. Nur sind leider überall Besatzungsmitglieder aufgestellt, die genau solche Gaffer abhalten. Viele Passagiere haben letztlich Verständnis, genauso viele aber auch nicht. Sie beginnen zu diskutieren, lassen sich nicht abwimmeln, lungern in der Nähe herum oder werden gar unverschämt: „Ein Notfall? Das kann ja jeder behaupten! Sie wollten mir doch nur meine Liege wegnehmen." „So schlimm kann das alles doch gar nicht sein. Wir sehen gar kein Blut! Wegen einer Person so ein Aufriss?" „Ich bin selbst Assistenzarzt in der Notaufnahme, lassen sie mich da mal ran!" Die Kamera hält er dabei natürlich schon im Anschlag. „Ich kenne den Patienten von der gestrigen Party, er ist mein bester Freund

und nun möchte ich sein Helfer sein!" Egal, welche Ausreden ein Gast auch immer parat hat: Keiner kommt durch. Und das ist auch gut so.

Einmal hatten wir den Fall, dass ein Gast mit dem Hubschrauber geborgen werden musste. Es gab mehrere Durchsagen des Kapitäns, der die Situation erklärte und alle Gäste bat, nicht auf die Außendecks zu gehen. Ein Hubschrauber über dem Schiff stellt eben auch ein Sicherheitsrisiko dar. Was sich daraufhin an der Rezeption abspielte war unglaublich: „Wissen Sie, welche Kabine das war? Wir warten ja auf ein Upgrade in eine Balkonkabine", wurde hier gefragt. „Unmöglich, dass deshalb der Außenbereich gesperrt wurde", beschwerten sich diverse Leute. „Wir wollten jetzt Bilder vom Sonnenuntergang machen." Ein Gast beschwerte sich sogar schriftlich in den Gästekommentaren: Das Ehepaar sei mit Kindern an Bord gewesen und das wäre doch eine spannende Geschichte, die sich die Kinder gern aus der Nähe angeguckt hätten. So ein Erlebnis könne man den Kleinen doch nicht verweigern!

Allerdings gibt es auch seltene Fälle, in denen einem Patienten einfach nicht mehr zu helfen ist. Verstirbt jemand an Bord, ist hier natürlich auch an alles gedacht. Es gibt unter Deck zwei Kühlkammern, in denen Leichen aufbewahrt werden können, bevor sie im nächstmöglichen Hafen ausgeschifft und per Auto oder Flugzeug nach Hause transportiert werden. Das ist für alle Beteiligten nicht schön. Skurril wird es besonders dann, wenn der Arzt uns beim Essen erzählt: „Ich habe einen Toten an Bord und ich werde ihn nicht los! Keiner will ihn haben. In den letzten drei Häfen hat man ihn mir nicht abgenommen. Nun muss ich weiter schauen, wer ihn haben will."

AUCH ZUHÄLTER BRAUCHEN URLAUB

Am Abend spazieren Thomas und ich nach der letzten Show noch eine Runde über das Schiff und schauen wie immer in der bordeigenen Diskothek vorbei. Sie ist richtig gut besucht, die Tanzfläche voll, an der Bar stehen viele Gäste und unterhalten sich. Wir beschließen, eine Weile dort zu bleiben und das bunte Treiben zu beobachten. Da stupst mich Thomas auf einmal an. „Siehst du den Typen da hinten?", schreit er mich über die Musik hinweg an. „Den mit den vielen Tattoos auf den Armen?", schreie ich fragend zurück. „Ja, genau! Was ist das denn für einer?", schreit Thomas.

Der tätowierte Gast scheint den ganzen Tresen zu unterhalten, vor ihm sind jede Menge Champagnerflaschen aufgebaut, um ihn herum tänzeln ziemlich aufreizend eine Brünette und eine Blondine. „Der lässt es sich ja richtig gut gehen!", schreie ich. Der tätowierte Typ hat bereits den halben Bartresen eingeladen. Jeder dort scheint ihn und die beiden aufgetakelten Damen zu kennen. Unser DJ mischt sich in unser Gespräch ein. „Es wird erzählt, der Typ sei Zuhälter und die beiden Grazien dort sind zwei seiner Mädchen! Vielleicht bietet er sie ja an – eine Barkeeperin wurde jedenfalls schon von ihm angequatscht, dass sie sich sofort bei ihm melden soll, wenn sie auf den Job an Bord keine Lust mehr hat. Er hätte tolle Arbeit für sie. Als er weg war, hat sie die Visitenkarte sofort in die Mülltonne geworfen." „Aha. Geschäfte stricken an Bord oder wie?", grübele ich vor mich hin.

Am nächsten Tag finden wir heraus, dass der Kerl als Berufsgruppe „Gastronomie" angegeben hat. Nun ja, das kann vieles bedeuten. Immerhin sorgte er für gute Stimmung, alle Gäste hatten Spaß und niemand kam zu Schaden – das war die Hauptsache! Alles Weitere blieb wohl sein Berufsgeheimnis.

SWINGERCLUB AUF JUBILÄUMSREISE

Auf einer Route hatten wir auch mal eine ganze Gruppe von Gästen mit besonderen Vorlieben an Bord. Zunächst fiel mir beim Check-in ein Pärchen mit einem offensichtlichen Faible für schwarzes Leder auf. An sich nichts Ungewöhnliches, aber auf Mallorca bei knapp 30 Grad im Schatten wunderte ich mich doch schon ein wenig über diese Kleiderwahl. Und auch am Abend und am folgenden Tag begegneten mir die beiden immer wieder in voller Ledermontur. Komisch, ich hatte das Gefühl, dass wir uns andauernd über den Weg liefen. Und war er nicht eigentlich deutlich größer gewesen und sie schlanker? Irgendwann dämmerte mir, dass nicht nur dieses eine Paar im Leder-Outfit herumlief, sondern eine ganze Reihe. Hatten wir etwa einen Motorradclub an Bord? Dann fielen mir immer mehr ungewöhnliche Looks bei den Gästen dieser Reise auf. Manche total geschniegelt und gestriegelt, extrem viele und kurze Röcke und immer wieder Lack- und Leder-Typen. Das schien auch unseren Gästen im gewöhnlichen Urlaubsoutfit nicht zu entgehen.

Abends in der Diskothek lag dann sehr viel Liebe in der Luft. Irgendwie wurde an diesem Abend wenig getanzt, dafür viel mehr geknutscht. In allen dunklen oder auch nur halbdunklen Ecken waren Pärchen ineinander vertieft. „Was schenkt ihr denn heute Abend hier aus?", fragte ich unseren Barchef. „Liebestrank?" Er hob nur lachend die Hände. „Frag mich nicht! Aber über den Umsatz kann ich heute wirklich nicht klagen."

Es dauerte nicht lange, bis die ersten Beschwerden an der Rezeption weitere Hinweise zu dem merkwürdigen Treiben an Bord gaben: Eine alte Dame ließ sich über eine junge Frau in aufreizendem Outfit aus, die im Restaurant genüsslich den großen Löffel aus dem Tiramisu gezogen und ihn langsam mit der Zunge abgeleckt hatte. Was die Dame aber neben der fraglichen Hygiene eigentlich störte war, dass die junge Frau dabei die ganze Zeit den Mann der älteren Dame mit Blicken fixierte und dieser völlig nervös wurde.

Zudem hatte unsere Tischtennisplatte über Nacht diverse Dellen und Beulen bekommen. Ein Blick auf die Aufzeichnungen der Kameras zeigte auch hier liebestolle Kreuzfahrer. Ebenso wurde uns gezeigt, dass das Liebesspiel auch vor unseren Whirlpools nicht haltgemacht hatte. Mit Erstaunen stellten wir auf den Videos eine rekordverdächtige Menge ineinander verschlungener Paare in ihnen fest, sodass wir am nächsten Morgen erst mal vorsorglich das Wasser ausgetauscht haben. Was in aller Welt war denn hier los? Ich wollte mich gerade detektivisch auf Spurensuche begeben, als mir zwei kichernde Rezeptionistinnen auch schon die Lösung präsentierten: Ein Swingerclub feierte sein 30-jähriges Bestehen und war mit seinen treuesten Kunden zu uns an Bord gekommen, um eine ordentlich Sause zu feiern. Generell freuen wir uns ja über feiernde Gruppen. Das Problem in diesem Fall: hier prallten Welten unter den Passagieren aufeinander.

Als dann am zweiten Tag die Hälfte des Swingerclubs nur noch in Netzteilen bekleidet in der Diskothek auftauchte, mussten wir eingreifen. Der Clubbesitzer wurde zum Gespräch geladen und um mehr Diskretion und angemessenes Verhalten in den öffentlichen Bereichen gebeten. Das Schiff sei kein Swingerclub, jeder Gast zwar herzlich willkommen, aber ein gewisses Maß an Rücksicht auf Mitmenschen müsse doch genommen werden. Weitere „Offenbarungen der Gruppe", so nannte es der zuständige Kreuzfahrtdirektor, würden nicht geduldet. Ansonsten drohe ein Rausschmiss von Bord. Der Swingerclub-Besitzer übernahm kleinlaut alle Reparaturkosten und entschuldigte sich mehrfach. Anschließend hatte er wohl mit seiner Reisegruppe gesprochen, denn in den darauffolgenden Tagen bis zum Ende der Reise hörten wir nichts mehr von ihnen.

INUIT TRIFFT AUF VOLLPENSION

Am Morgen erreichen wir Barcelona. Mein letzter Hafen, bevor ich morgen in Palma dem Schiffsleben nach 13 Jahren Bye-bye sage. Heute soll zum ersten Mal eine Flamenco-Gruppe an Bord kommen. Thomas und ich sind gespannt, wie deren Show bei den Gästen ankommen wird.

„Habt ihr öfter mal Folkloregruppen an Bord?", fragt Thomas. „Eher selten", antworte ich. „Auf Dominica in der Karibik gibt's zum Beispiel die „Big Mamas" – ein paar richtig dicke Frauen in Trachten, die zu typischer Steel-Drum-Musik tanzen und die Hüften kreisen lassen. In Schottland kommen manchmal Dudelsackspieler an Bord."

Bei der Überfahrt von Hamburg nach New York passierten wir nach Schottland und Island auch Grönland und glitten durch die durchaus reizvolle und von Gletschern und kleinen Eisbergen gesäumte Prinz-Christian-Sund-Passage. Nichts als atemberaubend hohe und karge Berge, hier und da eingebettet in ewiges Eis. Glasklares Wasser und strahlender Sonnenschein erwarteten uns. Zwischendurch wurde auf dieser Tour immer eines der Rettungsboote zu Wasser gelassen. Die Crewmitglieder schlugen an einem nahegelegenen Eisberg Gletschereis im Block ab. Auf dem Pooldeck servierte das Barteam anschließend „Whiskey on the Rocks" mit echtem Gletschereis.

Jedes Mal tummelten sich Menschenmassen an Deck um diese einmalige Landschaft live mitzuerleben. Unsere Lektorin vermittelte Fakten und spannende Geschichten zu dieser tollen Landschaft und natürlich zu deren Einwohnern, die hier so weit im hohen Norden lebten. Die Inuit sind auch bekannt unter dem Namen „Eskimos", aber das hören sie nicht besonders gerne. Übersetzt heißt „Eskimo" nämlich so viel wie: „Rohfleischesser", was die Inuit als Schimpfwort empfinden.

Inmitten dieser herrlichen Landschaft beschloss ein Teil der Schiffsleitung, dass sowohl das Foto-Team als auch das TV-Team unbedingt Außenaufnahmen von unserem Schiff machen müsse. Ein Tenderboot mit allen Beteiligten wurde also zu Wasser gelassen. Das Beste an der ganzen Sache: Ich durfte mit!

Mit sechs Kollegen im Boot ging die Reise los. Bis zum Eisberg und wieder zurück, das Schiff posierte für uns in allen Lagen und zeigte uns immer wieder seine Schokoladenseite. Schiff mit Eisberg, Schiff ohne Eisberg, Schiff mit Berglandschaft oder Schiff spiegelt sich im glasklaren Wasser. Es war einfach nur traumhaft schön! Plötzlich kamen kleine motorisierte Boote auf uns zugefahren. In den Booten saßen die Inuit mit ihren Frauen und Kindern, die freudestrahlend und winkend um unser Schiff herumfuhren. Unsere Gäste standen an der Reling und beobachteten die merkwürdigen kleinen Menschen da unten in den Booten. Die winkten einfach weiter und freuten sich.

Bald tummelten sich immer mehr Gäste an der Reling, mittlerweile begrüßten sich beide Parteien wild winkend und grölend, man rief von oben nach unten und von unten nach oben, obwohl niemand verstand, was der andere sagte – was für ein Spektakel!

Im Tenderboot beschlossen wir derweil herauszufinden, woher diese Inuit wohl kamen. Weit weg konnten sie jedenfalls nicht wohnen. Vielleicht in dem nahe gelegenen grönländischen Dörfchen Epilatoq. Wir folgten den Inuit mit unserem riesigen gelben Tenderboot, fuhren durch diese grandiose Landschaft, vorbei an Bergketten – bis wir unser eigenes großes Kreuzfahrtschiff nicht mehr sehen konnten. Und dann tauchte es plötzlich auf: Zuerst nur eine kleine Hütte, dann noch eine, bevor direkt an einem der hohen Bergmassive, gleich am Fuße das Dorf Epilatoq sichtbar wurde. An kleinen Felsformationen vorbei, manövrierte unser Nautiker den Tender in die Einfahrtsschneise hinein. Ein paar kleine Boote mit Inuit-Familien holten uns ein und musterten uns neugierig. Am Anlegesteg von Epilatoq sammelten sich Scharen von Kindern, die neugierig beobachten wollten, wie das große gelbe Boot an dem kleinen Steg denn wohl festmachen würde. Hinter den Kindern tauchte eine deutlich kleinere Schar von Erwachsenen auf. Das ganze Dorf stand bereit und wartete auf unser Anlegemanöver.

Am Steg angekommen, belästigte unser TV-Team gleich die Kinder mit Mikrofon und Kamera und versuchte sie auf Englisch zum Mitmachen zu animieren. Das kam bei den Kindern allerdings gar nicht gut an und die meisten ignorierten die Kollegen einfach oder wurden richtig böse. Keiner von ihnen wollte was in die Kamera sagen. Und ich muss schon sagen: Recht hatten sie! Immerhin waren wir Gast bei ihnen zu Hause. Es war an uns, uns erst einmal höflich vorzustellen und zu fragen, ob wir überhaupt hier sein durften. Ich möchte doch auch nicht, dass irgendein Fremder einfach so mein Haus betritt und mir dabei einen fetten dunklen Apparat mit einem Mikrofon unter die Nase hält.

Ein Mann mittleren Alters kam auf uns zu, er schien der Dorfsprecher zu sein. „Hallo! Herzlich willkommen in Epilatoq", begrüßte er uns auf Englisch. „Hallo! Vielen Dank für die nette Begrüßung. Wir haben draußen eure Boote gesehen und dachten, wir schauen mal, wo diese netten und freundlich winkenden Menschen herkommen. Und nun sind wir hier", antworteten wir. „Ja, hier leben wir. Ihr dürft euch ruhig umschauen. Manchmal kommen Leute von großen Schiffen hierher so wie ihr. Wir hatten allerdings erst morgen mit euch gerechnet. Aber jemand aus unserem Dorf, der gerade zur Jagd rausfahren wollte, hat uns gesteckt, dass das große Schiff schon heute da draußen liegt. So was ist natürlich immer ein Highlight für uns und dann fahren wir mit den Familien raus und begrüßen die Menschen auf den großen Schiffen."

Das freute uns natürlich. „Ein paar Robben habt ihr ja bereits gejagt", stellte ich fest und zeige unter den Steg, wo bereits drei tote Robben im Wasser an den Steg festgebunden waren. Für uns ein ungewohnter Anblick. Hier aber ganz normal. Die Robben, so erklärte man mir, würden hier im Wasser festgebunden und durch das eisige Wasser konserviert. So hielt sich das Fleisch am längsten und blieb frisch. Da spart man sich den Gefrierschrank.

Unsere Mannschaft machte sich auf den Weg, das kleine Dorf langsam zu erkunden. Ich hingegen setzte mich auf die Treppenstufen eines Hauses in die Nähe des Stegs und schaute mir alles aus der Ferne an. Plötzlich tauchte ein steinalter Mann neben mir auf. Er war aus einem der Häuser gekommen, setzte sich zu mir und stupste mich unaufhörlich von der Seite an. Dazu quasselte er ohne Pause, auch wenn ich kein Wort verstand. Ich grinste ihn deshalb einfach nur freundlich an und begann ihn ein wenig zurück zu stupsen. Plötzlich lachte sich der Alte kaputt, dabei öffnete er seinen Mund sperrangelweit und zeigte mir sein nicht vorhandenes Gebiss. Sicherlich war es beim Essen von geräuchertem Robbenfleisch draufgegangen. „Der ist bestimmt älter als 200 Jahre und kann hellsehen", dachte ich bei mir. Doch bevor er mir meine

Zukunft voraussagte, verzog er sich wieder, immer noch grinsend und vor sich hin quasselnd.

Schon irgendwie skurril, dieser Ort. Die vielen Kinder, denen das TV-Team immer noch auf den Keks ging, streckten verärgert ihre Zungen raus. Dann der alte, lustige Mann ohne Gebiss, die toten Robben, der stinkende Fischgeruch, die kleinen Holzhütten. Dahinter dann aber ein Hubschrauberlandeplatz. Also ganz so abgeschottet von der Außenwelt schien das kleine Dorf wohl doch nicht zu sein. „Die Inuit kommen mit uns im Tender aufs Schiff und führen dort ein bisschen Folklore auf!", rief da plötzlich ein Kollege. Der Dorfsprecher stand nickend neben ihm. „Sie brauchen bloß noch einen Moment, bis sie sich entsprechend angekleidet haben." „Witzig", dachte ich. „Das wird sicherlich eine feine Geste sein, die bei unseren Gästen sehr gut ankommt." Wir warteten und warteten. Eine Uhr gab es in diesem Dorf nicht, aber meine Armbanduhr zeigte nun schon eine geschlagene Stunde Wartezeit an. Die Inuit brauchten wirklich sehr lange für ihr Styling. Zwischenzeitlich hatte unser Nautiker schon Funkkontakt zum Schiff aufgenommen. Man wollte uns entgegenfahren und uns unterwegs einsammeln, zusammen mit den Inuit.

Bald tauchte der große Schornstein zwischen den Bergen auf. Das Typhon trötete laut und unverkennbar, das Echo hallte durch die Berglandschaft. Schnell setzten wir uns mit den sorgfältig gestylten Inuit ins Boot. Eigentlich sollte nur eine vierköpfige Familie mitkommen, alle anderen hatten nichts für den Folklore-Akt vorbereitet. Plötzlich wollten jedoch alle Kinder, Onkel, Tanten, Omas und Opas einmal auf so einem großen Schiff sein. „Wir nehmen sie alle mit, bis das Boot voll ist!", rief unser Nautiker. Gesagt, getan. Wir quetschten alle, die mitwollten, auf die Bänke im Tender, bis der letzte Platz besetzt war. Die Maschine wurde angeschmissen, es ging los. „Wir kommen, wir kommen!", rief ich unterdessen an Bord an. „Und gleich gibt es noch eine kleine Folklore-Darbietung. Ihr könnt schon mal die Gäste darüber informieren und eine Durchsage machen."

Der Tender nahm Kurs auf unser Kreuzfahrtschiff. Bereits vorm Festmachen standen Menschenmassen an Deck und winkten wie die Irren, als würde die Queen höchstpersönlich vorbeifahren. Wir stiegen aus. Ich allen voran, der Dorfsprecher und der Rest der Inuit hinter mir her. Ab ging es in den Aufzug und hoch auf das Pooldeck.

„Boa!" Die Inuit-Kinder bekamen im verglasten Aufzug riesengroße Augen als Deck für Deck an uns vorbeisauste. „Aussteigen bitte!" Die Tür öffnete sich. Schon kurz hinter der Aufzugtür wurden wir von den ersten Paparazzi-Gästen erwartet, die ein Foto nach dem nächsten schossen. „Mensch, toll! Dass diese Leute hierher kommen, einfach super! Und wie die ausschauen, richtig niedlich!", rief eine ältere Dame völlig außer sich. Nun ja, sie sahen aus wie andere Menschen auch, fand ich. Nur ihre Kleidung wirkte für uns etwas ungewöhnlich.

Auf dem Weg an Deck strömten immer mehr Paparazzi-Gäste auf uns zu. „Oh je, da haben wir euch was eingebrockt!", entschuldigte ich mich beim Dorfsprecher. „Kein Problem", antwortete er gelassen. „Das kennen wir schon."

Endlich kamen wir auf dem Pooldeck an. Die Menge tobte, schrie, pfiff und klatschte, als würde Michael Jackson gerade höchstpersönlich das Deck betreten. Die Inuit wurden regelrecht belagert von unseren Gästen und ich überlegte sogar kurz, die Sicherheitsabteilung zu benachrichtigen. Da brüllte mich ein Gast von der Seite an: „Gehen Sie aus dem Weg! Ich will die Inuit auf dem Foto haben und nicht die Crew!" Ups! „Oh, entschuldigen Sie bitte vielmals, dass ich fast noch Bestandteil ihres Fotos geworden wäre", grollte ich still vor mich hin und versuchte in dem Gedränge, die Inuit einigermaßen zügig auf die Bühne zu bringen.

„Oh, ich hab das kleine süße Mädchen angefasst!", kreischte eine Frau neben mir. Oh Mann, solch eine Hysterie auf unserem Pooldeck, das hatte es noch nie gegeben! Schnell schnappte ich mir das Mikrofon, das mir ein Kollege von der Seite entgegenstreckte: „Liebe Gäste", fing ich an und versuchte, die Aufmerksamkeit für einen kurzen Moment zu gewinnen. „Wir sind wirklich sehr froh, dass die Inuit sich bereit erklärt haben, uns einen Besuch abzustatten. Sie haben sogar einen kleinen Folklore-Auftritt geplant. Damit die Inuit Ihnen ihren traditionellen Tanz zeigen können, möchte ich Sie alle bitten, diese freundlichen Menschen nicht mehr so massiv zu belagern, damit sie die Bühne erreichen können. Wenn die Inuit auf der Bühne stehen, haben Sie alle zudem eine bessere Sicht und können noch viel schönere Fotos schießen. Ach, und bevor ich es vergesse: Die Inuit sind auch Menschen, bitte behandeln Sie sie auch so. Wir sind hier nicht im Zoo." Dieser letzte Satz hatte gesessen. Plötzlich lichtete sich der Pulk, das Ellbogen-Gedränge ließ nach und die Inuit erreichten endlich die Bühne.

Der Auftritt selbst dauerte keine fünf Minuten, doch die Massen waren vor Begeisterung kaum noch zu halten. Es blitzte aus allen Ecken, es wurde gefilmt und gegrölt. Ich versuchte Augenkontakt zum Dorfsprecher aufzunehmen, doch der signalisierte nur, völlig entspannt, dass alles in Ordnung sei. Nach einer gefühlten Ewigkeit, der Tanz war schon lange vorbei, ging ich in Richtung Bühne und fragte, nein, schrie viel mehr: „Soll ich euch retten und zurück zum Tender bringen?" „Einen kleinen Moment noch!", antwortete der Dorfsprecher und gab seiner Truppe auf der Bühne per Kopfnicken ein Zeichen. In diesem Moment griffen alle Inuit auf der Bühne in ihre Taschen und holten, man glaubt es kaum, ihre Handys raus. Nun fingen die Inuit an, unsere Gäste zu filmen und zu fotografieren! Die Handys in der Luft, standen sie dort oben auf der Bühne. Es war zum Totlachen! Ich versuchte mich zu beherrschen, brachte aber vor Lachen kein Wort mehr raus. Einfach fantastisch.

„Vielen lieben Dank an die Inuit aus Epilatoq, dem Ort, wo es auch Handys und sogar einen Hubschrauberlandeplatz gibt! Danke!", hörte ich mich sagen. Viele Gäste lachten mit mir, aber am allermeisten lachten die Inuit selbst. Es war dasselbe befreite Lachen wie das des 200 Jahre alten Mannes.

Bevor wir die Inuit zurück nach Epilatoq brachten, steckte der Dorfsprecher mir noch seine E-Mail-Adresse zu. „Wenn ihr das nächste Mal kommt, dann meldet euch kurz vorher, damit wir mehr Folkloretänze vorbereiten können." „Das machen wir, vielen lieben Dank!", antworte ich. Wir verteilten noch jede Menge Geschenke, natürlich vor allem an die Kinder. Dann ging es für unsere Besucher zurück an Land.

HUPKONZERT DER SCHIFFE

Ein anderes ganz besonderes Highlight spielte sich auf derselben Überfahrt ab: Wir waren auf dem Weg von Grönland nach Neufundland. Morgens um acht Uhr liefen wir in den Hafen von St. John's in Neufundland, Kanada, ein. Es war das erste Mal in dieser Saison, dass ein Kreuzfahrtschiff hier festmachte. Männer mit Dudelsäcken und Schottenröcken sowie den nach der Region benannten großen Hunden an der Leine standen an der Pier und bliesen uns ein Willkommensständchen.

Für zehn Uhr hatte sich der Bürgermeister zur Plaketten-Übergabe angemeldet. So nennt man die Prozedur, wenn ein Schiff zum allerersten Mal in einen Hafen einläuft und dem Kapitän von einem Vertreter der Stadt eine Plakette mit dem Wappen überreicht wird. Ebenso beschenkt das Schiff die Stadt – gern gesehen ist hier immer wieder das gute alte Schiffsmodell als Erinnerung und Sammlerstück für das Rathaus. Bei diesem Plaketten-Wechsel tauscht man sich freundschaftlich aus, in der Regel der Bürgermeister mit dem Kapitän, die beiden wünschen sich eine gute Zusammenarbeit für die Saison und schütteln sich kräftig die Hände. Das Ganze natürlich bei kleinen feinen Häppchen und einem Glas Orangensaft zum Anstoßen.

Der Bürgermeister von St. John's hatte sich für heute gleich mit einer ganzen Entourage an Vertrauten angemeldet. Daraufhin hatte auch der Kapitän beschlossen, nicht allein zum Plaketten-Wechsel zu erscheinen. Seine treuesten Kollegen durften dem Spektakel beiwohnen. Sogar ich hatte die Ehre!

Endlich war es soweit: Wieder bekam der Kapitän ein Wappenzeichen mehr für sein Sammelsurium, welches er an entsprechender Stelle aufhängen konnte. Meist ist es übrigens der lange Gang zur Brücke, der mit diesen Plaketten geschmückt wird. Nach der Übergabe kamen wir mit der kanadischen Delegation ins Gespräch: „Vielleicht können Sie mir ja weiterhelfen", sprach mich ein großer schlanker Typ an. Er hatte den Kopf voller wirrer, grauer Locken und eine dicke Brille auf der Nase. Er sah aus wie ein verrückter Professor. „Worum geht's denn?", wollte ich wissen. „Und warum sprechen Sie Deutsch?" Er sei Deutscher, erklärte der Mann, lebe aber seit fast 20 Jahren hier in St. John's. Nach seinem Musikstudium in Kanada sei er hier hängen geblieben und schreibe nun sogenannte ‚Hafen- Symphonien'. Hafen-Symphonien? Was sollte das sein? So richtig mit Orchester und so? Ich wusste echt nicht, was er damit meinte. Noch nie zuvor hatte ich etwas von „Hafen-Symphonien" gehört. „Nee nee, kein richtiges Orchester, wie man es so kennt", erklärte er. „ Die einzigen Instrumente bei der Symphonie sind die Typhone der Schiffe. Und genau für heute Abend, wenn Sie mit ihrem großen Schiff wieder auslaufen, habe ich Beethovens „Neunte Symphonie" umgeschrieben für Schiffstyphone." „Spannend! Ich kann mir das, ehrlich gesagt, gar nicht so richtig vorstellen. Wie funktioniert das dann genau?", löcherte ich ihn weiter. „Nun ja, es liegen ja auch noch ein paar andere Schiffe im Hafen – ich habe für jedes einzelne dieser Schiffe ein Notenblatt geschrieben. Demnach soll dann jedes, je nach Tonlage, im richtigen Moment zum Einsatz kommen. Im Ganzen ergibt das dann Beethovens Neunte." Es schien wirklich etwas ganz Besonderes zu sein, dieses Hup-Konzert. „Ihr Kapitän soll dafür eine Einweisung erhalten. Sein Thyphon hat die tiefste Stimme aller Schiffe. Das wird eine Attraktion! Es wurde sogar in der Tageszeitung von St. John's angekündigt und viele Leute werden an der Pier stehen", freute er sich. „Dann fragen Sie den Kapitän doch sicherheitshalber noch einmal, ob er das auch macht. Ich weiß, dass er nicht unbedingt der musikalischste Kapitän ist. Vor allen Dingen, und das ist noch viel wichtiger, wird er mit dem Auslaufen beschäftigt sein. Diese Arbeit gibt er äußerst ungern ab. Deshalb bin ich mir nicht so sicher, ob er Lust und Zeit hat, nebenbei Beethovens Symphonien zu tröten." Ein bisschen kannte ich meinen Kapitän nun ja auch und selbst wenn ich dem verrückten Komponisten nicht den letzten Funken Hoffnung nehmen wollte, so wollte ich ihm auch nicht zu viel Zuspruch geben, damit die Enttäuschung am Ende nicht zu groß wäre. Ich begleitete den tapferen Professor zu unserem Kapitän. Diskret blieb ich in der Tür stehen, doch selbst von hier konnte ich an seinem Gesicht ablesen, dass unser Chef von der grandiosen Idee tatsächlich nicht wirklich begeistert war. Auf einmal drehten sich beide Köpfe rüber zu mir und der Kapitän rief laut in meine Richtung: „Sie können das doch sicherlich machen! Sie sind doch prädestiniert für Beethovens Symphonien und musikalisch. Sie können heute Abend das Konzert tröten, ha!" Ein breites Grinsen zeichnete sich auf seinem Gesicht ab. Ach du Alarm! Ich? Warum schon wieder ich? Bevor ich auch nur irgendwas einwenden konnte, stand schon die Entscheidung fest und der Professor kam freudestrahlend auf mich zu. Sofort zog er ein großes DIN A3-Blatt aus seiner Mappe. „Hier ist das Notenblatt. Wir treffen uns alle heute Abend eine Stunde vor Auslaufen und gehen nochmal alle Stimmen durch. Ich freu mich!"

Eine Stunde vor Auslaufen ging ich also runter an die Pier. Von einer Versammlung weit und breit keine Spur. Dann sah ich den verrückten Professor herumstreunen, haufenweise Papier in den Händen und hochkonzentriert. „Hey!", rief ich ihm zu. „Ich bin da! Wo ist denn die Besprechung?" „Oh, Sie sind zu spät! Alle waren schon da, da haben wir gleich alles durchgesprochen. Ich erkläre Ihnen schnell, was Sie machen müssen." Alle schon weg. Dann konnte die Sache auch nicht so kompliziert sein.

„Über jeder Note sehen Sie eine Zahl. Die Zahl steht für die Anzahl der Sekunden, die man das

Typhon gedrückt halten muss. Ihre Noten sind die schwarzen Noten, die weißen sind die Noten der anderen. Am besten besorgen Sie sich jemanden, der mit einer Stoppuhr die Sekunden einzählt." Das hörte sich nicht so kompliziert an, auch wenn ich immer noch nicht so recht glauben konnte, dass dabei eine Symphonie von Beethoven rauskommen sollte.

„Alles klar! Ich muss los", sagte er schnell. „Ich fahre auf die andere Seite der Bucht und gebe per Funk den Startschuss. Ich werde von zehn runter zählen, dann fangt ihr gleich als erstes Schiff an. Ich zeichne das Ganze auf und schicke anschließend einen Link. Dann können Sie es sich anhören und runterladen. Tschüss! Und viel Erfolg!" Und schon war er verschwunden. Ich blieb noch einen Moment an der Pier stehen, dann musste auch ich an Bord. Gleich legten wir ab. Und ich musste schnell noch jemanden mit einer Stoppuhr organisieren!

Zurück an Bord fing ich an wild herumzutelefonieren. Endlich fündig geworden, ging es zehn Minuten vor Ablegen auf die Brücke. Ich hatte eine unserer Hotel-Offizierinnen im Schlepptau, die mich einzählen sollte. Oben auf der Brücke angekommen, war es stockfinster. Klar, Ablegen findet immer im Dunkeln statt, damit man draußen auch was sieht. „Scheiße, ist das dunkel hier!", rutschte es mir heraus. „Hat jemand eine kleine Lampe für uns? Ich sehe sonst mein Notenblatt nicht und die Kollegin nicht die Anzeige auf der Stoppuhr." Wir bekamen ein Lämpchen gereicht, mit der Aufforderung, nur auf das Notenblatt zu leuchten und nicht wild herumzufuchteln.

Noch drei Minuten. Über Funk war kein Mucks zu hören, bis auf die Kommandos, die bereits auf der Brücke gegeben wurden. „Klar zum Auslaufen", hieß es plötzlich. „Klar zum Auslaufen", kam prompt die Antwort. Das Schiff vibrierte, alles fing an zu wackeln. Wir legten ab!

Und dann plötzlich die Stimme des verrückten Professors über Funk: „Zehn, neun, acht, sieben, sechs, fünf, vier, drei, zwei, eins …!" Ich trötete, einen richtig langen Ton. „Eins, zwei, drei, vier …", zählte die Kollegin mit der Stoppuhr neben mir. Pause. Wieder tröten, diesmal etwas kürzer. „Eins, zwei, stopp!" Dann Stille neben mir. „Die Stoppuhr hat ihren Geist aufgegeben!" flüsterte die Kollegin. „Macht nichts, weiter zählen!", zischte ich. Von nun an zählten wir nach Gefühl, geschlagene zehn

Minuten, mit Wiederholung. Jetzt wurde mir auch klar, warum das Notenblatt so groß war.

Wie und ob ich trötete, hörte ich kaum. Die Brücke war nahezu schalldicht, manchmal trötete draußen ein kleines Feuerschiff in ziemlich hohem Sopran mit uns im Chor. Erst, als wir so gut wie aus der Einfahrtsschneise heraus waren, war auch Beethovens Symphonie beendet. Gäste standen an der Reling, um sich das Gehupe live anzuhören. Ein wildes Durcheinander, wie mir später berichtet wurde.

Eine Woche später bekam ich einen Link zugeschickt und lauschte aufgeregt dem Resultat: Symphonien hören sich definitiv melodischer an und Beethoven konnte ich auch nicht wirklich erkennen. Ein Highlight war es allemal. Der verrückte Professor schrieb dazu: „Dies war die melodisch beste Hafen-Symphonie, die ich jemals geschrieben habe und die von einem so großen Schiff getrötet wurde."

ABSCHIED

Nachdem die Flamenco-Gruppe ihren Auftritt auf dem Pooldeck unter tosendem Applaus des Publikums beendet hat, kommt bei mir so langsam Abschiedsstimmung auf. Thomas steckt nun schon offiziell in seiner Dienstuniform, ich werde meine gleich für immer ablegen und zurück in die Wäscherei bringen. „Na, bist du mit den Gedanken schon zu Hause?", fragt mich Thomas, als ich völlig abwesend vor mich hinstarre. „Äh, was? Ach so. Ja, ich glaube schon so langsam ..." „Ist das nicht total komisch, wenn man nach so vielen Jahren an Bord einfach aufhört? Wird man da nicht doch so das eine oder andere vermissen?" „Ja, ein bisschen komisch ist es schon", seufze ich.

Ich werde eine Menge vermissen. Das Gefühl, nach einem langen Arbeitstag auf meiner kleinen Kabine zu liegen, nicht einschlafen zu können und dann im Fernsehen den Sender mit der Bugkamera oder der Seekarte einzuschalten. Die Vorstellung, mitten auf dem Atlantik zu sein, Tausende Meter Meer unter mir – es gibt nichts Beruhigenderes. Diese kleine Kabine auf dem Meer tausche ich jetzt gegen ein großes Zuhause. Mit mehreren Zimmern und einem großen Kleiderschrank. Natürlich freue ich mich darauf, aber in all den Jahren habe ich mein kleines, schwimmendes Kämmerlein auch liebgewonnen. Der Geruch, das Brummen der Schiffsmotoren in der Nacht und das immerwährende sanfte Schwanken werden mir immer in Erinnerung bleiben und bestimmt auch ab und zu fehlen. In meinem neuen Leben an werde ich selbst einkaufen und kochen müssen. Meine Wäsche waschen und bügeln, staubsaugen und wischen. Der ganz normale Alltag eben, wie ihn andere in meinem Alter schon seit Jahren leben. Wahrscheinlich ist es Zeit, erwachsen zu werden.

Vermissen werde ich auch die tollen Sonnenuntergänge, die traumhaften Reiseziele weltweit und natürlich das Ein-und Auslaufen in ganz besonderen Häfen. Ganz vorn dabei: New York. Wie oft habe ich mir die Fahrt über den Hudson River morgens um 5 Uhr fast ganz allein auf dem Crewdeck angeschaut. Mit einer Tasse Kakao in der Hand stand ich jedes Mal zwei Stunden lang einfach nur da und bestaunte die Skyline dieser unglaublichen Stadt. Ähnlich spektakulär, wenn auch ganz anders, die Durchquerung norwegischer Fjorde, wenn morgens noch Nebel auf dem Wasser liegt und sich rechts und links die riesigen Bergmassive auftürmen.

Doch abgesehen von faszinierenden Naturerlebnissen und beeindruckender Natur: Eine Sache werde ich noch viel stärker vermissen als alles andere: Meine Kollegen. Mit einigen verbindet mich nach all den Jahren eine innige Freundschaft, die auch nach meiner Zeit an Bord noch Bestand haben wird. Neben diesen engen Freunden werden mir auch einige skurrile Kollegen immer in Erinnerung bleiben, die alle auf ihre ganz persönliche Weise sehr speziell waren:

Da war zum Beispiel Fidschi-Karl, der Klavierspieler – der die beste Bräune erzielte, indem er sich mit Salatöl einrieb und dann stundenlang auf dem „Blech Beach", dem Crewdeck ganz vorn am Bug, in der Sonne gebraten hat. Man munkelte, er habe eine eigene Bräunungs-App entwickelt.

Oder der Bär Graham aus Down Under, Australia – ebenfalls einer unserer Musiker, der mit extremer Körperbehaarung punktete. Sein besonderes Talent war, dass er stundenlang in den Meereswellen liegen und darin schlafen konnte, ohne unterzugehen! Wahrscheinlich trug ihn der weit aus dem Wasser herausschauende, vor sich hin gärende Rotwein-Bauch, den er jeden Abend konstant aufgefüllt hatte.

Bootsmann Rudi, ein Mann wie ein Baum. Tätowiert, muskulös, mit einer selbst gezimmerten Bank mit Totenkopf in seiner Werkstatt. Und einer Kaffeemaschine. Die Psychobank und der Zaubertrank. Wenn's einem mal schlecht ging, besuchte man Rudi in seinen Katakomben und konnte sich immer sicher sein, dass alles Gesagte auch im Raum blieb und nicht nach außen drang. Ein Ort des Vertrauens und der ewigen Verschwiegenheit.

Und den Schweinemann! „Bad Taste Partys" sind bei der Crew immer noch äußerst beliebt, um die Kreativität einzelner Kollegen zu testen. Der Metzger unseres Schiffes hatte sich die Magenhaut eines Schweines über seinen Körper gezogen. Er sah darin nicht nur widerlich aus, nach kurzer Zeit fing sein Kostüm auch ziemlich eklig an zu stinken. Seinen Spitznamen hatte er von da an weg.

Auf keinen Fall zu vergessen sind die wahren Künstler an Bord: Es ist mehr als nur ein Klischee, dass Asiaten Karaoke lieben. Und so befindet sich auch an Bord eines jeden Schiffs, auf dem Kollegen von den Philippinen oder aus Indonesien arbeiten, eine Karaoke-Maschine. Regelmäßig treffen sie sich abends zu Sing-Sang-Gelagen im Bootsmann-Store oder in der E-Werkstatt. Auch kann es gern einmal passieren, dass man nichts ahnend für eine Feierabendlimo auf die Crewbar zusteuert und schon von Weitem die Darbietungen der Karaoke-Night hört. Schnell stellt man dann fest, dass das Theater-Ensemble zwar hervorragende Leistung bringt, die wahren Stars aber im Housekeeping, an der Bar oder im Security-Department arbeiten.

Das Klingeln meines Telefons reißt mich aus den Gedanken. „Sophie, hi, kannst du mal ins Theater kommen?" Es ist unser Techniker Mathias. „Wir haben ein Problem." Och nee, bitte nicht das noch. An meinem letzten Abend ... Ich schnappe mir Thomas und wir spurten los. Im Theater ist es stockdunkel. Licht kaputt? Bitte nicht! Dann müsste Thomas direkt mit einem kompletten Plan B in seine erste Solo-Woche starten. „Mathias?", rufe ich in die Dunkelheit. Plötzlich erstrahlt die Bühne im grellen Scheinwerferlicht. Alle haben sich dort versammelt! Das gesamte Entertainment-Team und noch andere Kollegen aus allen möglichen Departments. In der Mitte eine riesige Schokotorte und ein Plakat: „Bye Sophie, we will miss u!". Meine Augen werden ein klein wenig feucht. Was für eine Überraschung! Wir fallen uns in die Arme, ich bekomme Geschenke als sei Weihnachten und mein Geburtstag zugleich. Fotos, Andenken, einen kleinen Kettenanhänger aus dem Bordshop. Ich freue mich riesig.

An dem Abend sitzen wir noch lange zusammen im halbdunklen Theater, trinken Sekt, essen Schokokuchen und plaudern über die gemeinsame Zeit. Nach und nach verabschieden sich die Kollegen. Sie müssen noch arbeiten oder am nächsten Morgen früh raus. Auch Thomas hat sich schon zurückgezogen. Für ihn beginnt jetzt der Ernst des Kreuzfahrtlebens. Dann ist es auch für mich Zeit, ins Bett zu gehen.

Am nächsten Morgen wartet mein Taxi in aller Herrgottsfrühe an der Pier. Zum Glück schlafen alle noch. Rührende Abschiedsszenen oder gar Tränen könnte ich nun wirklich nicht gebrauchen. „Morning", brummelt der Fahrer nur, dann gibt er Gas. Ich drehe mich noch einmal um und erhasche einen letzten Blick auf das Schiff. 13 Jahre! Schön war die Zeit, aber nun ist Schluss: „Tschüss, Ihr Koffer!"

WISSENSWERTES

Die skurillsten Beschwerden – kein Scherz!

- „Der Strand ist zu sandig." (Fuerteventura)
- „Die Sonne ist zu heiß." (Helsinki, Finnland)
- „Niemand hatte uns gesagt, dass im Meer Fische sein würden. Die Kinder waren geschockt."
- „Die lokalen Geschäfte haben unsere Lieblingskekse nicht im Sortiment."
- „An der Pier, da draußen vor dem Schiff, gab es keine Klimaanlage."
- „Der Kapitän hat nicht auf unser Schreiben reagiert. Wir hatten darum gebeten, dass das Schiff zwei Stunden länger im Hafen bleibt. Trotzdem wurde zur regulären Zeit abgelegt."
- „Der Sonnenuntergang ist zu schnell! Die Zeit reichte nicht für das romantische Abendessen mit meinem Mann und auch nicht für das geplante Versöhnungsgespräch."
- „Andere Gäste hatten eine viel kürzere Anreise."

Meine persönliche Highlight-Beschwerde ist und bleibt jedoch folgende: Ein Gast schrieb: „Ich finde es unmöglich, dass der Abstand von der Toilettenschüssel bis zum Wasser in der Toilette so gering ist. Andauernd hängt mein bestes Stück in der Wasserlache herum. Ein paar Zentimeter mehr Abstand, also tiefere Toiletten, wären hier angebracht. Schließlich möchte auch ich mich beim Pinkeln setzen können." Ohne Kommentar!

Die skurrilsten Fragen (auch wahr!)

- „Müssen wir bei dem Ausflug „Lissabons Highlights zu Fuß erleben" viel laufen?"
- „Werden wir im Kolosseum einen Gladiatorenkampf sehen?"
- „Ist diese Mumie ein toter Mensch?"
- „Können Sie mir spanische Euros wechseln?"
- „Könnten die Wale bitte dann springen, wenn ich den Heiratsantrag mache?"
- „Kann ich von Bord aus angeln?"
- „Wenn wir den Hafen nicht anlaufen können, finden die Ausflüge dann trotzdem statt?"

Die am häufigsten geklauten Gegenstände an Bord

1. Handtücher

2. Bademäntel

3. Besteck

4. Dekoration in Form von Möwen, Muscheln, ganze Palmen

5. Behandlungsöle aus dem Wellness Bereich

6. Uniformen der Crew (Lege niemals deine Jacke auch nur für einen Moment beiseite!)

7. Eingangsschilder (z. B. vom Bordshop)

8. Namensschilder der Crew

9. Uhren im Shop (besonders gern die Teuren ab 1000€ und mehr)

10. Halb volle Getränke anderer Gäste an der Bar

11. Karaffen aus den Restaurants

12. Vorhänge und Gardinen

13. Bordkarten von anderen (das kann teuer werden!)

14. Kameras

15. Rucksäcke

16. Eisschnitzfiguren aus den Restaurants (als Andenken für zu Hause weniger geeignet)
17. Geschnitzte Obstfiguren vom Buffet
18. Raketen aus den Rettungsbooten

Worauf freut man sich am meisten, wenn man wieder nach Hause kommt?

- Auf dem Klo zu sitzen und die Beine baumeln zu lassen ohne die schmatzenden Geräusche der Spülung.

- Bei offenem Fenster schlafen zu können ohne mit massivem Wassereinbruch rechnen zu müssen (im Gegensatz zu Deck 3).

- Nicht ca. 2.500 Menschen pro Tag grüßen zu müssen.

- Ein offenes Feuer machen zu dürfen, quasi wann und wo man will.

- Ein Leben zu leben, das sich nicht alle zwei Wochen wiederholt.

- Am Wochenende nicht arbeiten zu müssen.

- Sich ohne Namensschild unter fremde Menschen zu mischen.

- Abends spät nach Hause kommen, ohne Angst zu haben, dass es schon weg ist.

Das Streifenalphabet oder: Die wahre Bedeutung eines Streifenhörnchens

Vier goldene Streifen und einen nautischen Stern trägt immer nur der Kapitän.

Goldene Streifen mit nautischem Stern tragen generell die nautischen Offiziere von der Brücke, die Streifen sind nach Dienstgraden unterteilt:

1 Goldener Streifen = 3. Nautischer Offizier

2 Goldene Streifen = 2. Nautischer Offizier

3 Goldene Streifen = 1. Nautischer Offizier usw.

Der nautische Stern diente in der Seefahrt als Orientierung und hat somit traditionell eine wichtige Bedeutung. Goldene Streifen mit Äskulapstab, dem Symbol des ärztlichen und pharmazeutischen Standes, tragen Schiffsärzte und ihre Schwestern.

Goldene Streifen mit Steuerrad tragen die Kollegen aus der Maschine. Goldene Streifen mit Steuerrad und Blitz trägt die Elcktro-/Elektronik-Abteilung. Das Steuerrad versinnbildlicht den Antrieb des Schiffes.

Platinstreifen (gern auch als silberne Streifen betitelt) mit Hermesstab oder Merkurstab trägt insbesondere das Hotel Department. Der Hermesstab/Merkurstab steht als Symbol für Handel und Wirtschaft und ist NICHT zu verwechseln mit dem Äskulapstab.

Der Unterschied zwischen Gold-Streifenhörnchen und Platin-Streifenhörnchen ist grundsätzlich so zu erklären: Platinstreifen kümmern sich um den laufenden Hotelbetrieb direkt am Gast, Goldstreifen fahren das Schiff (bis auf die Ärzte und Schwestern, das wäre fatal!). Keiner von beiden darf auf einem Kreuzfahrtschiff fehlen. Ohne Platinstreifen keine Gäste, ohne Goldstreifen keine Seereise.

Generell gilt für ALLE:

1 Streifen = kann lesen

2 Streifen = kann lesen und schreiben

3 Streifen = kann lesen und schreiben und kennt jemanden, der lesen und schreiben kann

4 Streifen = kann alles, weiß alles und steht auf einer Stufe mit dem lieben Gott.

ORTE, DIE MAN GESEHEN HABEN MUSS

Ganz egal, wohin in der Welt die Kreuzfahrt einen auch treiben mag, es gibt überall tolle Dinge zu entdecken. Wir Crewmitglieder haben das große Privileg, neben der Arbeit mal eben so die halbe oder vielleicht sogar die ganze Welt zu sehen. Auch wenn man nicht 13 Jahre auf dem Schiff arbeitet, kommt da schnell eine beeindruckende Anzahl an Zielen zusammen, von der viele Menschen nur träumen können. Man sollte diese Chance, die der Beruf so mit sich bringt, also nutzen und sich die entlegenen Ecken der Welt auch angucken. Ich habe jede Gelegenheit genutzt, sodass ich wohl bald eine zweite

Packung Stecknadeln für meine Weltkarte zu Hause kaufen muss. Bei der Entdeckungsreise müssen es nicht immer „Geheimtipps" sein. Manchmal sind es auch alt bekannte Touristenattraktionen, die ich zu meinen Ausflugs-Highlights zähle.:

Barcelona, Spanien

Unbedingt einen Spaziergang am Hafen und an der Strand-Promenade entlang bis zum Porto Olympico unternehmen. Auf dem Rückweg auf der Plaza Real (rechts von der berühmten Straße Las Ramblas abgehend) in ein Café gehen und das bunte Treiben beobachten.

Malta

Nach einem Spaziergang durch die wunderschöne Altstadt Valettas und den Upper Barracca Garden mit einem alten antiken Linienbus vom Busbahnhof, der sich gleich vor dem Stadttor der Altstadt befindet, bis in die St. Julian's Bay fahren und dort am Hafen in einem der vielen Fisch Restaurants den „Catch of the Day" (Fang des Tages) bestellen. Auf Malta muss man sich zudem das Ein-und Auslaufen vom Schiff aus ansehen. Valetta gehört zu den schönsten Naturhäfen weltweit!

Mallorca, Spanien

Nach einem Besuch der Altstadt von Palma unbedingt die Kathedrale besuchen. Mit dem Bus oder Mietwagen nach Andratx in den Bergen fahren. In der kleinen Stadt kann man wunderbar durch die Gassen schlendern, danach wieder runter an die Küste bis St. Elm und dort ein Bad nehmen. Auch eine längere Autofahrt die Küste entlang von Palma bis Alcudia lohnt sich! Gegen Abend wieder in die Altstadt. Kurz hinter der Plaça Llotja befindet sich die Bar Abaco. In dem üppig bepflanzten Innenhof des ehemaligen Adelspalasts sitzt man herrlich romantisch. Jeden Freitag um 23:00 Uhr regnet es rote Rosenblätter von der Empore. Wahnsinnig kitschig, aber auch wahnsinnig schön.

Korsika, Frankreich

Korsika ist für mich die schönste Insel im Mittelmeer. Hohe Berge, weiße Strände, Wasserfälle, Wildpferde und malerische Dörfer. Am besten mit dem Motorroller oder Leihwagen einmal quer über die Insel fahren. Es gibt jede Menge zu entdecken, die Insel ist einfach traumhaft schön.

Volos, Griechenland

Bei den Meteora-Klöstern kommt man sich vor wie in Tibet! Eine einmalige Landschaft, die teilweise richtig unwirklich scheint. Alle Klöster dort können ohne Probleme auf leichten Pfaden erkundet werden.

Marmaris, Türkei

Wie auf Korsika einen Motorroller ausleihen und an der Küste entlangfahren. Schöne und teils einsame Buchten laden zum Baden ein. Die Landschaft ist auch hier einmalig und die Hänge bewachsen von Pinien, nach denen es überall riecht.

Istanbul, Türkei

Zu Fuß über den Markt den Berg hoch bis zur Hagia Sophia und ein kurzer Besuch in der Moschee.

Von dort aus gleich in der Nähe des großen Parks in die unterirdische Zisterne und die beiden Medusenköpfe bestaunen. Schatzsucher werden im Virtel Çukurcuma glücklich. Die Straßen rund um die Çukurcuma Caddesi sind ein riesiger permanenter Flohmarkt. Unzählige Läden sind bis unter die Decke vollgestopft mit Antiquitäten und Kuriosem. Hier findet man Souvenirs, die es auf keinem der Bazare der Stadt zu kaufen gibt.

Santorini, Griechenland

Den Eselspfad hoch bis zur Altstadt laufen (oder auf einem Eselsrücken hochreiten). Zu Fuß ist der Weg gut machbar, wenn man gern und gut zu Fuß unterwegs ist. Aber es ist Vorsicht geboten bei entgegenkommenden Eseln. Der Pfad ist zwar breit genug, aber der Abhang an den Seiten sehr steil. Geheimtipp: Wem der Trubel in der Stadt zu groß ist, kann auch gern zu antiken Ausgrabungsstädten auf der Insel fahren. Hier ist es garantiert ruhiger!

Grenada, Karibik

Mit einem Taxi-Bus zum Aquarius Beach fahren. Wenn der Strand hier und da zu sehr bevölkert sein sollte, kann der Taxifahrer auch gern eine Bucht früher stoppen. Am La Luna Beach gibt es ein kleines, exklusives Hotel, bestehend aus Hütten am Berg im Bali-Stil. Ein großes Himmelbett am Strand, ein Pool, erschwingliche Cocktails und sehr leckere Pizza sorgen für einen tollen karibischen Tag.

Wer mehr Action möchte: Jeden Samstag findet auf Grenada der sogenannte „Hash" statt. Es handelt sich hierbei um einen Marsch mit Hindernissen quer durch den Busch. Jede Woche wird eine neue Strecke festgelegt. Es geht durch Flussläufe und Morast. Nach circa drei bis vier Stunden gelangt man völlig fertig und zermatscht ans Ziel, wo das Event bei einem Barbecue und Rum Punsch beendet wird. Achtung: Man muss sich für die Teilnahme vorher im Internet anmelden.

Antigua, Karibik

Die Hauptstadt English Harbour mitsamt Museumshafen erkunden und auf den Aussichtspunkt wandern, im Anschluss ein Barbecue am Strand genießen.

Dominica, Karibik

Ab in den Urwald und Achtung: Hier regnet es fast immer! Diese Insel ist die ursprünglichste der Karibik. Regenwaldfeeling pur! Unbedingt zu den Wasserfällen Trafalga Falls und zum Emirald Pool wandern, vorbei an heißen Quellen.

Cartagena, Kolumbien

Cartagena steht definitiv ganz weit oben auf meiner „Da-muss-ich-noch-mal-hin-Liste"! Die Altstadt kann man gut und gerne ein paar Tage länger genießen. Das Feeling und die Menschen dort sind einfach einmalig. Wenn man mal keine Lust mehr auf Stadt hat, bietet es sich an, mit dem Boot zur kleinen vorgelagerten Insel Baru zu fahren und beim Barbecue am Strand zu sitzen.

Ciudad de Belize, Belize

Am besten mit dem Boot oder einer kleinen Propeller Maschine von Belize aus auf die Insel Caye Caulker übersetzen und dort den Tag verbringen. Die Insel ist sehr gut zu Fuß erkundbar, es gibt einen schönen Strand mit einer Bar. Häuser und Backpackerunterkünfte stehen ausschließlich auf Stelzen.

New York, USA

Hier empfehle ich ganz klar die Klassiker: Mit der Metro und den typischen gelben Taxen fahren. Über die Brooklyn Bridge laufen und sich Manhattan ansehen. Vom Times Square über die 5th Avenue zum Central Park und dort spazieren gehen. Auf das Empire State Building rauf bei Dunkelheit. In einem der zahlreichen exklusiven Steak-Häusern essen gehen. Ein Musical am Broadway besuchen.

Bar Harbour, Maine, USA

Traumhaftes verträumtes Städtchen mitten im Nationalpark. Hier gibt es wirklich alles: Berge, Seen, Meer und Strände. Mit dem Fahrrad quer durch den Nationalpark, am besten im Indian Summer (also in der Herbstsaison, wenn sich alle Blätter verfärben). Anschließend frisch gefangenen Lobster (Hummer) essen gehen.

Charleston, South Carolina

Einen Spaziergang durch die Stadt machen und sich vorstellen, in welcher der vielen alten verträumten Villen man am liebsten wohnen möchte. Delfine an der Bayside beobachten. Die Filmkulisse des Südstaaten Dramas „Fakeln im Sturm" besichtigen.

Miami, Florida, USA

Mit dem Metro Mover den Buisness District umfahren und dabei die hohen Wolkenkratzer bestaunen. An der Bayside einen Smoothie trinken und am Miami Beach auf dem Ocean Drive flanieren.

Quebec, Kanada

Auf den Spuren der Indianer diese kleine gemütliche Stadt erkunden und dabei Bärenfelle anprobieren. Im Chateau Frontenac einen Kaffee trinken.

Montreal, Kanada

Die unterirdische Shopping Meile erkunden und überirdisch durch China Town wandern.

Eidfjord, Norwegen

Hinter den Hügeln des Ortes liegt ein sehr schöner, glasklarer See. Immer den Wanderpfaden folgen, im Sommer kann man hier sogar eiskalt baden gehen oder alternativ picknicken. Dem Wanderweg folgend, muss man den Berg passieren und kommt durch ein kleines Bergdorf zurück zum Ausgangspunkt mit einer herrlichen Aussicht in die Bergwelt und die Umgebung. Unbedingt Ein-und Ausfahrt im Fjord genießen und von Deck aus bestaunen! Dafür lohnt es sich auch einmal ganz früh aufzustehen. Am besten warm anziehen, mit Kaffee oder

Kakao im Restaurant versorgen und den Blick von der Restaurant-Terrasse aus genießen.

Geiranger Fjord, Norwegen

Auch hier unbedingt raus an Deck und diese gigantische Einfahrt in den Fjord inmitten von hohen Steilwänden und Bergmassiven bewundern. Es erwartet einen ein echtes Naturschauspiel! Der Fjord gehört nicht umsonst zum UNESCO Kulturerbe. Den kleinen überlaufenen Ort nur kurz erkunden und dann mit Wanderschuhen unbedingt den Berg hoch bis hinter einen Wasserfall wandern. Wanderkarten gibt es an der Touristeninformation im Ort. Gigantische Aussichten inmitten einer sehr ursprünglichen und zerklüfteten Berglandschaft erwarten den Wanderer. Beim Abstieg in der Almhütte einen Kaffee trinken und dazu eine Waffel mit selbstgemachter Marmelade und Schmand genießen. Dabei grasenden Lamas zuschauen (wie auch immer diese Lamas bis nach Norwegen gekommen sind?!).

Island

Eine Rundfahrt über die Insel machen und unterwegs schon die vielen wilden Ponys bestaunen. Zum Gullfoss Wasserfall fahren und natürlich Geysire bewundern. Danach in den Thermalbädern baden gehen und sich dabei Trollgeschichten durch den Kopf gehen lassen. In Reykjavik in die Eisbar gehen, und im Pelzmantel einen eisigen Drink genießen. Auf dem Weg nach Akureyri vom Schiff aus die abgeschnittenen Bergketten Islands anschauen. In Acureyri im Norden der Insel gibt einen kleinen Flughafen. Von dort aus kann man für ein paar Stunden mit einer Cessna nicht nur den Polarkreis überfliegen, sondern auch auf die kleine Insel Grimsey landen. Maximal acht Personen passen in die Maschine und man durchfliegt eine Fjordwelt mit schneebedeckten Bergketten. Eine umwerfende Aussicht! Der Flug dauert ca. 30 min und man landet gefühlt im Nirgendwo auf einem Feld auf Grimsey.

Hier leben ca. 100 Einwohner, wobei die Kinder der ortsansässigen Familien den Ort außerhalb der Ferien verlassen müssen, um in Acureyri oder Reykjavik die Schulen zu besuchen (auf der Insel gibt es nur eine große Fischhalle und sonst überhaupt keine Infrastruktur). Die meisten Bewohner der Insel sind übrigens die Papageientaucher. Die Vögel bevölkern jeden Felsen und lassen sich hervorragend von der kargen Insel aus beobachten. Im Juli blüht auch hier endlich der Löwenzahn und alles ist gelb!!!! Ein Naturparadies und ein skurriler Ort zugleich

Grönland

In der Prinz-Christian-Sund Passage unbedingt an Deck bleiben und die Aussicht auf Gletscher und Bergwelt genießen. In Quarquartoq an Land gehen und den kleinen Ort abwandern. Nach Epilatoq führt leider keine Straße, aber die Inuits kommen sowieso mit ihren Booten vorbei und winken!

Tallinn, Estland

Die Altstadt ist sehr mittelalterlich und unbedingt einen Besuch wert. Im Restaurant Baltasar direkt auf dem Marktplatz Knoblauch essen bis zum Umfallen!

St. Peterburg, Russland

Mit der Metro die tiefsten und luxuriösesten U-Bahn.Schächte der Welt bestaunen. Am Newski Prospekt aussteigen und die Stadt zu Fuß erkunden bis zur Newa. Den Katharinenpalast besichtigen. In der Erimtiage am Abend eine VIP-Tour mitmachen mit anschließendem Konzert inmitten der Erimitage. In den Sommerpalast Karl des Großen fahren und die Wasserspiele in seinen Gärten genießen. Achtung: In Russland wird ein Visum benötigt, sollte an eigenständig das Schiff verlassen wollen!

NACHTRAG

Alle hier vermerkten und aufgeführten Erlebnisse beruhen auf meinen persönlichen Erfahrungswerten der letzten 13 Jahre. Es kann natürlich sein, dass nicht alle Lokalitäten oder Geheimtipps noch so aussehen wie beschrieben.